「超」入門 学問のすすめ

明治維新と現代日本に共通する
23のサバイバル戦略

鈴木博毅

ダイヤモンド社

『学問のすすめ』とは?

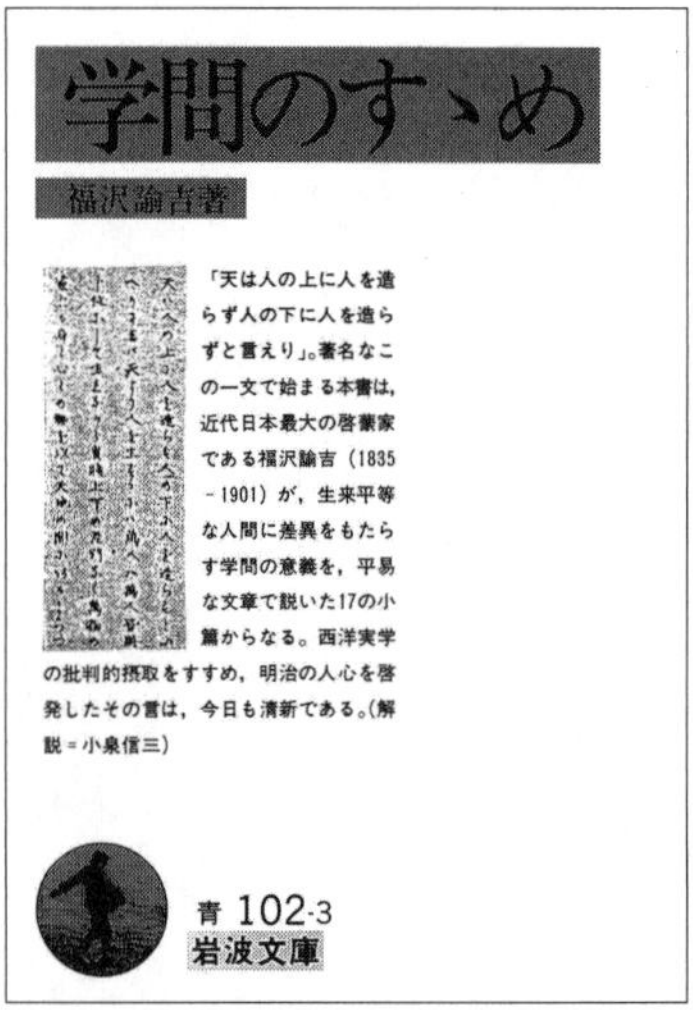

（岩波書店／1942年初版発行）

学問のすゝめ

福沢諭吉・著

1872年（明治5年）から5年間にわたって出版された、17編の小冊子からなる福沢諭吉の代表作。幕末から明治という時代の展開期において、日本国民に近代精神のあり方を説いた啓発書として大ベストセラーとなる。その考察は、同じく時代の転換点に直面する現代の日本人にも参考となる教訓があまりに多い。

序章

日本は時代の転換点を乗り越えられるか？

幕末と現代日本に共通する国難の構造

激動の時代に書かれた革命指南書

「なぜ、今『学問のすすめ』なのか?」

そう不思議に思う人もいるかもしれません。

現代では『学問のすすめ』と聞くと、一〇代の受験生が勉学に励むための啓発書か、若者へ学びの大切さを訴える本、あるいは生涯学習を勧める書籍というイメージを思い浮かべる人も多いでしょう。

「天は人の上に人をつくらず、人の下に人をつくらず」

この大変有名な言葉から、平等主義を説いた道徳的な要素の強い書籍と思っている方も多いのではないでしょうか。

しかし、『学問のすすめ』が執筆された時代を見ると、まったく違う側面が浮かび上がります。

福沢諭吉が慶應義塾の名称を正式に採用した一八六八年は、東京の上野で旧幕府側の彰義隊と、新政府軍の戦闘（上野戦争）が行われるなど、国内を二分した戊辰戦争の真っただ中でした。諭吉の自伝にも上野の大戦争の最中、大砲の轟音が遠く鳴り響く日にも英書で経済の講義をしていたことが書かれているくらいです。

ペリーの黒船来航が一八五三年ですから、福沢諭吉が『学問のすすめ』を執筆した時代は、日本の歴史上際立った激動期であり、生きるか死ぬか、日本という国家の未来がどうなるかを日本人全員が固唾をのんで見守り、ある者は旧江戸幕府と共に戦い、ある者は近代化を目指して明治維新へ邁進するなど、現代日本人の想像をはるかに超える大変革の時代だったのです。

『学問のすすめ』は激動に次ぐ激動の時代に、いかに取り残されずにサバイバルするか、日本の未来を確かなものにする変革へ向けて、個人と国家のあるべき関係をダイナミックに変える革命指南書だったのです。

本書は、同じく岐路に立たされている現代の日本人のために、『学問のすすめ』が描くサバイバル戦略と、新しい未来をつくるための変革のエッセンスを二三のポイントに絞ってわかりやすく解説していきます。

新時代を切り拓こうとする日本人が夢中で読んだ書

『学問のすすめ』は明治維新の五年後、日本が国家存亡の岐路に立った時期の一八七二〜七六年に書かれました。日本の人口が三五〇〇万人であった当時、一七編で合計約三四〇万部、現在なら一二〇〇万部に相当する驚異のベストセラーです。

ある意味で、日本の歴史上初の自己啓発書であり、日本人が「自己変革と日本革新のための最高の武器」として貪り読んだ貴重なメッセージでした。

現代日本と幕末日本の類似点として、半ば強制的に「鎖国を解かれ」、本格的なグローバル競争に直面していることが挙げられます。

一八四二年の清とイギリスによる「阿片戦争」は、イギリス側が貿易の完全無条件受け入れを強要したことが発端です。当時、アジアの大国だった清の敗北を知った日本では、「鎖国の維持は近い将来不可能になるだろう」と予感して、秘かに対策を取り始める人たちが増えていきます。

日本という国家の崩壊を避けつつ、必死で近代化を目指す日本人は、明治維新という社会・国家革命に最後は一丸となって飛び込んでいきました。

現代日本もすでに避けられないグローバル化の波に大きく影響を受けており、個人も国家も、新しい時代にこれまでにない形でサバイバルする必要性に迫られています。

一九八〇年代以降、隆盛を誇った日本の製造業は円高で続々と海外移転をする現在。従来の制度がすでに変化に対応できないこの国では、財政、社会保障制度を含めいくつものシステムが危機的状況を迎えています。

大げさではなく、新しい時代を切り拓く英知こそ、今まさに求められているのです。

幕末期、新しい日本をつくろう、新しい社会をつくろうと日本の先人たちが未来を憂え、新国家創造に命を懸けた姿には、現在難局に直面する我々も大いに学ぶ点があるのではないでしょうか。

一四〇年前、新しい時代を切り拓く指南書として、明治維新の真の実現を後押しする書物として、日本人全員が夢中で読んだ書籍。

それこそが、福沢諭吉の書いた『学問のすすめ』という書籍だったのです。

一四〇年前との「隠れた共通の構造」

幕末の日本と、一四〇年後の現代日本は奇妙な共通点を抱えています。

現代日本が直面する難題

・国が長期の財政赤字に苦しみ、改革は既得権益者に毎回つぶされている
・政府の構造改革に着手した政治家が、足を引っ張られて失脚
・世界規模のグローバル化の波が、日本にも押し寄せてきている
・社会不安が増大し、一般庶民の生活が苦しくなっている
・海外諸国に侵略の意図があり、日本の国家海防が重要事項となってきた

いずれも現代の日本人が肌で実感している、日本という国家の抱える厳しい問題です。

「このままでは日本は衰退するのではないか？」

「閉塞感の先に何が起こるのか不安で仕方がない……」

政治や経済が行きづまり、グローバル化の波が押し寄せて、国際マーケットで次々と日本企業が敗北を喫しているなか、社会の不安は高まっています。

現代日本と日本人は、待ったなしの多くの難題に今まさに直面しているのです。

一方で、一四〇年前の日本という国家、日本人が体験した深刻な国難と、現代日本の難題は不思議に似ています。「隠れた共通の構造」を持つとさえ言ってもいいでしょう。

幕末日本が抱えていた難題

・長老体制、腐敗政治などで江戸末期の財政は大幅に悪化
・ペリーの黒船来航により、強制的にグローバル化の波にさらされる
・打ちこわし、「ええじゃないか」など、社会不安で騒乱が起こる
・金と銀の交換比率により、外国人投資家が殺到、日本から多量の金が流出
・西洋列強は植民地主義を掲げており、日本は国家防衛力の増強が急務だった

西洋列強と比べて、技術力・武力・知識の差が歴然だった当時、幕末期は現代日本の危機よりさらに巨大な閉塞感と見えない未来への不安に脅かされていたと考えられます。

しかし、私たちと同じ日本人である幕末明治の人々は、未曽有の国難を見事に乗り越えます。約三〇〇年間続いた江戸幕府という日本の旧権力構造は維新で刷新され、一四〇年前の日本人は新しい統治体制を創造することができたのです。

日本という国家の輝かしい歴史上の勝利ですが、勝利を手に入れる前は「絶望的」とも呼べる、巨大な危機に直面していたのです。

これまで何度も構造改革に取り組みながら、結局は何も変わらない今の政治。危機感を

募らせる日本企業も、なかなか新しい道筋を見つけられずに右往左往しています。

一方で、我々国民もまた、本当の意味で危機感を持ち、他人任せにせず、自らの手で新しい国や社会をつくろうという意識が低いことも事実でしょう。

そんな状況において、今では多くの人が悲観的な感情を持ち始めているかもしれません。

「なぜ、かつての日本は変われたのか？」

同じ日本人である幕末明治の人々は、どのように個と国家の変革に成功したのか。

実は、その秘密を解くヒントが、当時日本人が夢中で読んだ『学問のすすめ』に隠されているのです。

国に依存できない時代のサバイバル戦略

福沢諭吉は一八三五年の大坂生まれ（アヘン戦争の約七年前）。ペリーが黒船で来航した一八五三〜五四年には一九歳、大政奉還から明治維新にいたる一八六七〜六八年には、三〇代初めの年齢です。諭吉は、まさに激動する時代の真ん中で生きた人物でした。

不平等条約での開国で、日本の国内経済と一般庶民の生活は大混乱し、幕府に問題解決力も改革の決意もないとわかると、やがて日本全国に国家変革への動きが広がります。

一方で、現代も二〇一一年の三月に起きた東日本大震災のあと、国に頼らないＮＰＯ活動が活発化しており、国ができないことを民間で行う意識がさらに増しています。

国の政策・財政・年金を含めた旧来の制度の破たんが指摘されるなか、社会起業家が続々と出現しており、ソーシャルデザインへの関心もかつてなく高まり、日本の問題を解決できない政治体制に苛立つことで、逆に私たち庶民が政治にこれまで以上に関心を持ち始めています。

経済評論家の池田信夫氏はご自身のブログで「長い江戸時代の終わり」と題して、国家が個人を守り続け、個人が国家に依存する関係は今後崩壊していくと指摘しました。国に依存して、すべてお任せで個人が生きていける時代が終わりを迎えているのです。

ビジネスにおける企業組織と個人の関係も同様です。

一旦会社に入ると、引退まで一切のキャリアを会社が設計し、会社の指示通りに一生懸命働けば安泰だった時代は終わり、個人が自らの価値を高めてスキルを磨き、「主体的に生き抜く」必要に迫られています。

若い世代はさらに厳しい状況に直面する可能性があります。年金を含めた社会保障制度が若者の引退まで維持されているかは、誰にも断言できないからです。若い世代にソーシャルデザインに関心を持つ人が増えているのもごく当然のことでしょう。

諭吉が『学問のすすめ』で唱えた、生き抜くために実学を学び、個人が自立しながら日本に貢献する時代は、二十一世紀の現代日本に新たな形で再び姿を現しているのです。

学問は生き残るための武器である

諭吉は『学問のすすめ』第一〇編で、「今の我が国の陸海軍が西洋諸国の軍隊と戦えるか、絶対に無理だ。今の我が国の学術で西洋人に教えられるものがあるか、何もない」と述べています。

この箇所を読むだけでも、戦後の長期的な繁栄のあとで、すっかり自信を喪失した現代日本と、明治維新直後の社会状況や庶民の精神性に類似点があることがわかります。

諭吉は「ただただ外国勢力や西欧の科学文明を恐れているのではダメで、日本という国家の自由独立を強化することこそ、学問をする者の目標である」と説きます。

学問に励み知恵を得るのは、国内で競うためではなく、外国人と知の戦いで勝ち、日本人が日本の国家的地位を高めるためである、とまで言っているのです。

面白いのは、諭吉が一八六〇年、徳川幕府の軍艦である咸臨丸で太平洋を横断し、アメリカを訪問した際の話です。各地で大歓迎を受け、日本人が好きな魚が毎日用意され、風呂も沸かしてくれるなど日本の習慣を理解した最大限の歓待を受けました（諭吉は現地で接したアメリカ人の、フェアで公正な精神にも大いに感銘を受けています）。

しかし、訪問先でさまざまな科学技術や先進的な工場を紹介されたとき、アメリカ人は当時の日本人が夢にも思わない先端技術を紹介したつもりでしたが、諭吉自身はすでに数多くの洋書を研究読破していたため、「テレグラフ」「ガルヴァニの鍍金法」「砂糖の精製術」など、科学技術に関しては知っていることばかりで、少しも驚きませんでした。

「無知」が知らない存在を畏怖させる一方、「適切な学問」で必死に努力することは、人に深い自信を植え付けてくれることを、諭吉自身も体得していたのかもしれません。

当時は日本国内の古い社会制度が崩壊し、同時に西欧列強に最短で追いつく近代国家の建設に日本人全体で邁進した時代です。

諭吉のメッセージは、新しい時代に不安や恐れを抱く国民を励まし、勇気を与え、日本の国家的自主独立を維持しながら、見事な近代化を成し遂げる、日本人の強固な精神的支柱となったのです。

日本人を「社会的な個人」として目覚めさせた書

もう一つ、『学問のすすめ』の革新的な点は、単純な個人の能力至上主義ではなく、個の社会的なあり方を説いていることです。

諭吉の基本的なサバイバル戦略は、単一の個人が単に自分だけ良い目を見るということではなく、個人が学問を通じて優れた社会性を身につけ集団に貢献するならば、最終的に日本という国家自体の成長と繁栄もまた成し遂げることが可能だということです。

諭吉の激動の時代への「突破戦略」は、歴史の検証を通じて有効だと言えるでしょう。歴史的事実として、私たちと同じ日本人である明治期の人々は、一つの国家単位で社会改革に成功し、短期間で世界の先進国と伍するようになったのですから。

諭吉の唱えた戦略は、東日本大震災後、狭い個人主義ではなく社会的な個人のあり方や、個人によるソーシャルデザインに対するニーズが活発になっている現代日本にも極めて有効な処方箋だと思います。

今、歴史の転換点に直面する私たち日本人が学ぶべきは、国家的な存亡をかけたサバイバル戦略と、個人の学習との深い関係性です。

日本を新たな栄光へ導く「成功の本質」

世界中が、そして日本という国家が閉塞感と共に激動の時代を迎えている今、私たち日本人の心を、一つの核心的な質問が捉えているのではないでしょうか。

「一体、日本人は時代の転換点に弱いのか、それとも強いのか？」

質問の答えの半分は、拙著『「超」入門　失敗の本質』（ダイヤモンド社）でご説明しています。日本の組織的文化は型の習熟を重視し、勝負のルールを変えるイノベーションが苦手だという結論です。

ところが、歴史を振り返るとき、日本という国家と日本人には「転換期に弱い」とは言えない側面が存在する時期があります。

次の二つの歴史的事実を、皆さんはどう捉えるでしょうか？

①明治維新により、江戸幕府から一気に近代国家への変貌を成し遂げた日本
②敗戦の焼け野原から、奇跡の復興と世界的経済大国へ躍進した日本

二つの歴史的事実の前後は、時代の転換点といって間違いない大きな変動が起こりましたが、日本という国家と日本人は驚くほど力強い飛躍を成し遂げました。

単純に日本人が時代の転換点に弱いならば、二つの大飛躍は説明がつきません。

『「超」入門　失敗の本質』は、日本的組織論の白眉『失敗の本質』（ダイヤモンド社）から現代日本に共通するエッセンスを、忙しいビジネスマンに活用いただく形で抽出しました。『失敗の本質』は、約七〇年前の大東亜戦争の敗戦を精緻に分析した名著です。

本書では、約一四〇年前の日本の歴史的勝利を、当時の大ベストセラーである福沢諭吉の『学問のすすめ』から読み解き、「日本人は時代の転換点に弱いのか、強いのか？」という大いなる疑問へ、最終決着を図ることを目指します。

一四〇年前の明治維新の勝利、七〇年前の敗戦、そして現代日本という三つの転換点。前作では七〇年前の日本の失敗を名著からエッセンス化しましたが、今回は逆に、日本の「成功の本質」を、さらに七〇年遡って読者の皆さんと共に学んでいきます。

日本の転換点から学ぶ「成功の本質」

第１の転換点

幕末	・約300年続いた徳川幕府による腐敗 ・西欧列強による脅威とグローバル化 ・社会不安と財政悪化、改革つぶし
明治維新	・日本人が近代化に勝利した社会・国家革命 ・グローバル化を成長のチャンスにした日本人

70年前

第２の転換点

敗戦	・変革を拒む組織原理の蔓延 ・勝負のルールを変えるイノベーションの不在 ・戦略性や危機管理能力の欠如による悲劇
復興と高度経済成長	・焼け野原からモノづくり大国ニッポンへ ・世界の経済大国へ飛躍。ジャパン・アズ・ナンバーワン

70年前

第３の転換点

現代日本	・社会制度の崩壊と進まない構造改革 ・世界規模のグローバル化と日本企業の不振 ・巨大な閉塞感と長期的な財政赤字
未来日本	**飛躍へ？**

共通する成功の本質

共通する失敗の本質

『学問のすすめ』から学ぶ、維新の七つの「成功の本質」

本書は『「超」入門　学問のすすめ』と題していますが、福沢諭吉の『学問のすすめ』をそのまま現代語訳するものではありません。また、『学問のすすめ』の直訳的な解説を目標とするものでもありません。現代語訳は、すでに素晴らしい書籍が複数出版されており、そちらを参照されることをお勧めいたします。

激動のあの時代、『学問のすすめ』は現代のイメージとはまったく異なり、「日本国を変革する教養」として、全国民に向けて書かれました。

本書は『学問のすすめ』が秘めている、日本変革の「武器としての教養」を構造的に解読し、日本の新たな輝きを創造する戦略指南書という本来の姿を再び浮かび上がらせることを最終目標としています。

現代の日本人が変革を成功させる武器として活用できるように、本書では『学問のすすめ』を次の七つのポイントから、ダイジェストで読み解いていきます。

第一章「国家の危機に何をすべきか？」

幕末と現代日本との危機的な類似点から、日本人が国家変革に勝利した要因を導き出し、個人がこれから明るい未来を紡ぎだすために必要な意識と考え方を明らかにします。

第二章「新しい時代を切り拓く実学とは？」

社会の輝きが失われつつあるとき、実は新たな豊かさを発見するチャンスが訪れます。日本の近代化に貢献した『学問のすすめ』が示す、「実学」の秘密を解明します。

第三章「変革期に役立つサバイバルスキルとは？」

価値観が変化し、豊かさを享受することが難しくなる時代。変化に直面する中で、私たちはどうすれば生き残れるのでしょうか。個人と組織が強く勝ち残るために必要なスキルがあるのです。

第四章「グローバル時代の人生戦略とは？」

世界との比較というグローバル化の波にのみ込まれている日本。世界と接することで社会が激変した幕末明治の日本人の知恵を、いかに現代で活かすかを読み解きます。

第五章「いかに自分のアタマで考えるのか？」

変革期には多数派の考え方や成功法則が通用しなくなります。そのような時期に、自分の人生を切り拓くために何が必要か。混迷の時代により良い人生を手に入れるためのアタマの使い方について考えます。

第六章「どうすれば世界は変わるのか？」

一四〇年前の日本の歴史的勝利を、どうすれば再現できるのでしょうか。『学問のすすめ』に秘められたメッセージを解明することで、なぜ明治期の日本人が維新に成功したかを解明します。

第七章「あなたは日本の未来をどうつくるか？」

世界が劇的に変化をしている今、日本人はどのように日本の未来をつくり上げることができるのでしょうか。『学問のすすめ』と幕末明治の歴史的勝利から、日本の未来をつくる方法を学びます。

『学問のすすめ』から学ぶ
維新の7つの「成功の本質」

1章	危機脱出	▶ 変革に必要な意識と考え方
2章	実学	▶ 新たな視点の獲得
3章	サバイバルスキル	▶ 変革期に勝ち残るスキル
4章	人生戦略	▶ 世界で生き抜く知恵
5章	思考	▶ 自分のアタマの使い方
6章	変革	▶ 変革サイクルの起動
7章	未来創造	▶ 解放と大飛躍

序章　日本は時代の転換点を乗り越えられるか？

第1章　国家の危機に何をすべきか？

CONTENTS

第2章　新しい時代を切り拓く実学とは？

CONTENTS

第3章 変革期に役立つサバイバルスキルとは？

第4章 グローバル時代の人生戦略とは？

CONTENTS

第5章　いかに自分のアタマで考えるのか？

CONTENTS

第6章 どうすれば世界は変わるのか？

第7章 あなたは日本の未来をどうつくるか？

CONTENTS

1867年	大政奉還（幕府が政権を朝廷に返上）
1868年	鳥羽・伏見の戦いから戊辰戦争勃発。4月には江戸城無血開城。
	王政復古の大号令（天皇を頂点とする新政府誕生の宣言）
1869年	戊辰戦争終結（新政府軍が旧幕府軍に勝利）
1871年	廃藩置県（武士封建制度の崩壊）。岩倉使節団が欧米に派遣。
1872〜76年	『学問のすすめ』出版（全17編）
1877年	西南戦争（最後の内戦）。西郷隆盛が自刃して戦争終結。

ざっくり知っておきたい幕末史

1840年〜42年	アヘン戦争 で清がイギリスに敗れる
1853年	黒船来航 アメリカのペリー艦隊、浦賀にて開国を要求
1854年	日米和親条約締結
1855年	私塾の林立（吉田松陰の松下村塾、緒方洪庵の適塾など）
1858年	日米修好通商条約締結（西洋列強と結ばれた不平等条約）
	安政の大獄（幕府による弾圧事件。吉田松陰も犠牲に）
1860年	咸臨丸の遣米使節団（福沢諭吉初の海外渡航）
1863年	下関戦争（長州藩と西欧４国との武力衝突事件）
	薩英戦争（薩摩藩とイギリス戦艦との戦闘）
1866年	薩長同盟成立。第二次長州征伐（奇兵隊の活躍）。徳川慶喜、15代将軍に。

1863～64年

04 下関戦争／薩英戦争

下関戦争は長州藩と列強4か国との戦争。薩英戦争は薩摩藩と英国の戦争。両藩の敗北により日本の海外知識吸収と軍備近代化が本格化。

1867年～68年

05 大政奉還・戊辰戦争／明治維新成立

江戸幕府最後の将軍、徳川慶喜が政権を返上。その後、薩摩・長州藩を中心とする新政府軍と旧幕府勢力に戊辰戦争が起こるが新政府軍が勝利。

1871年

06 廃藩置県

中央集権化のため、旧来の藩を解体。武士階級が消滅。平安時代から続いた領主体制から近代国家体制へ移行。

幕末から明治への変革「6つの事件」

1840年〜42年

01 アヘン戦争

アヘンの輸入禁止を行った清とイギリスの戦争。清が大敗し南京条約を結ぶ。当時アジアの大国だった清の敗北で江戸幕府は西洋列強の脅威を強く予感した。

1853年・54年

02 黒船来航

アメリカ合衆国東インド艦隊が日本に来航。翌年、日米和親条約を結ぶ。この事件は日本中に知れ渡り、諭吉が長崎遊学を兄から勧められるきっかけにもなった。

1860年

03 咸臨丸の遣米使節団

日米修好通商条約の批准のため、日本から使節団が渡米。艦長は勝海舟。福沢諭吉の初の海外渡航となる。

※本書における『学問のすすめ』の引用は、岩波文庫版を底本にして、著者が現代語訳しています。

※表記のないものは底本からの「引用」で、「抜粋」となっているものは底本の一部を抜き出して、著者が要約したものです。

第1章

国家の危機に何をすべきか？

問題解決力を高める学問という武器

成功の本質

01 学問の目標とは「個と国家の変革」である

現実はちっとも平等じゃない

「天は人の上に人をつくらず、人の下に人をつくらず、と言われている。天が人を生み出す際に、上下貴賤の区別なく平等にして、万物の霊長たる人間の心身の働きをもって世界のさまざまなことを活用し、衣食住を整え、自由自在に他人の妨げをせず安楽に生きていけるようにしてくれたのだ」（『学問のすすめ』初編）

右は知らない人がいないほど有名な一文ですが、この文章だけを見ると、人間の平等をひたすら訴えるメッセージに響きます。しかし直後にある言葉は、単純な人間の平等を痛烈に否定するものであることを知る人は少ないかもしれません。

「しかし今、人間の世界を広く見渡すと賢い人もいれば愚かな人もいる。金持ちもいれば地位の高い人、低い人もいる。なぜ雲泥の差と言えるほどの格差が生まれるのか」（『学問のすすめ』初編）

現実の社会では、生まれたときは平等でも人生の結果には驚くほどの大差が生まれると指摘しています。『学問のすすめ』は、私たちに実際の世の中をよく見てみろと訴えている、いわば徹底した現実主義の書だと言うことができるでしょう。

では、なぜ「雲泥の差」というほどの格差が生まれるのか？　この疑問こそが、日本を代表する歴史的名著の入り口となっているのです。

「下の者から見れば到底手が届かない高い地位にある人も、もともとその人に学問の力があるかないかの相違であり、天が定めた決まりではない。ことわざに曰く、天は富貴を人に与えず、人の働きに与えるという。（中略）ただ学問をしっかり修めた者は社会的に高い地位を得て、無学な者は貧しく地位の低い者となっているだけである」（『学問のすすめ』初編）

ここまでの流れを読むと、高校生や大学生に向かって「だからこそ勉強しなければいけない」と両親や先生が説くお説教本のようにも聞こえますが、維新直後の歴史的変革期に書かれた名著が本領を発揮するのはこれ以降の論説になります。

パラダイムが転換する変革期をサバイブすべし

諭吉は『学問のすすめ』で、とにかく何でも勉強すればいいのだとは言いませんでした。むしろ昔からの伝統的な教養・古い学問を身につけても、実社会での生活や自活には役に立たず、「それほど崇め尊ぶべきものでもない」と厳しい指摘をしています。

では、この変革期、激動期に学ぶべきものは何か。

人生の日々の生活に役立つ「実学」こそ学ぶべきであり、物事の道理を理解して、今現在、直面している問題を解決できる学問こそが何より重要であると述べているのです。

江戸末期から明治初期には、西洋の文化や学問、技術知識が大量に日本に紹介された時代であり、パラダイム（支配的な考え方や枠組み）が大きく転換した時期です。

その大変動期には、武士の身分が消滅し、海外情報の流入で刀を差したサムライの世界から、ガス灯が輝く近代社会に一気に変化していきました。
時代遅れの体制にしがみついた者は没落し、格差社会が出現しました。そうした難しい新時代をサバイバルするためにこそ「学問」をすべきだと諭吉は訴えているのです。

国民が日本の未来に不安を抱えた時代

三〇〇年間続いた江戸幕府を打倒して、日本人自身が国家の変革に勝利した明治維新でしたが、明治初期は相変わらず西洋列強との技術的格差、国家文明の格差はいかんともしがたく、日本人自身が方向を模索し、日本という国の独立精神が揺れている時代でした。

（以下、『学問のすすめ』第四編より抜粋）

①一部の有識者は、日本の独立を失ってしまう可能性を憂えている
②日本が独立を本当に保てるかどうか、あと二〇～三〇年しないと明確ではない
③日本をひどく蔑視している外国人の言葉を信じて、日本の独立は難しいとみる者

三つの指摘は、二十一世紀の現代日本でも囁かれ始めた内容ではないでしょうか。日本

の領土問題、周辺国の軍事拡大、経済問題、教育問題、人口減少の問題など、日本という国家の根幹にあたる問題が今、多くのメディアで議論されています。

日本の自主独立が危ぶまれていた時代、諭吉の『学問のすすめ』は安穏とした生涯学習の勧めや、学生向けの修身の教科書ではありませんでした。一四〇年前、日本という国家と日本人が揺れた激動の時代、日本の未来に大きな不安を国民が抱えたときに登場した、日本国の新しい飛躍を生み出すための戦略指南書だったのです。

新しい日本を、日本人の手でつくる時代がやってきた

諭吉は『学問のすすめ』で、日本の独立が不安定だから国外へ脱出しろなどとは言いませんでした。西洋列強との差、日本と日本人の真の独立には何が足りないかを見抜いて身につけるならば、日本という国の未来は盤石になると喝破したのです。

「西洋のことわざに、愚かな国民の上に厳しい政治がある、という言葉がある。これは政府の厳しさではなく、国民の愚かさが自ら招いたわざわいである。愚かな国民の上に厳しい政府があるのなら、賢い国民の上には良い政府があるのがまた当然である」(『学問のす

すめ』初編）

「苦労して学問を修めた者は、努力をして得たものを社会のあらゆる分野で実行して、文明の進歩を成し遂げて国民全体の先を行き、政府と助け合い、官と民の力の均衡を生み一国全体の力を増して、薄弱な日本の独立を盤石で強固な基礎へ移し替えるべきである」（『学問のすすめ』第五編より抜粋）

諭吉は良い政府の実現には、日本人がまず賢くなるべきであり、学問は日本の文明をより高いレベルに引き上げるためにあるとしているのです。

個と国家の変革こそ、学問の目標であり、この唯一の目標達成のために、諭吉は歴史的名著『学問をすすめ』を書いたのです。

まとめ

学問の目標とは「個と国家の変革」であり、新しい日本を、日本人の手でつくる時代が再び訪れている。

成功の本質

02

国民が主体となるとき、国家の変革が起動する

古い儒教思想は国民を愚かな赤子として扱う

古来、アジア地域の伝統的君主論の一部は、一般庶民から政治や国家に関する当事者意識を奪うことで封建的身分制度を強固なものにして、体制保持を行ってきました。

「アジア諸国では君主のことを父母と言い、国民のことを『臣子』や『赤子』と言った。政府の仕事を『牧民』の職と呼んだ。（中略）『牧』の字は獣類を養うという意味だから、その地の国民を牛や羊のように取り扱うと宣言するようなもので、あまりに失礼な話ではないか」（『学問のすすめ』第一一編）

第一一編では「名分《めいぶん》」という言葉が出てきます。「名分」とは、立場や身分で分類された役割、あるいは表向きの建前などの意味ですが、統治者たる君主はかくあるべきであり、臣下や庶民はこうあるべきという、儒教封建的な身分制度を正当化するものとして『学問のすすめ』では説明されています。

儒教的思想では、古来極めて聡明な君主と公平無私で優れた役人が従順な庶民を導き、上下貴賤をわきまえた生活をさせることで、太平の世の中が実現されると説かれました。

諭吉は古い儒教的君主論を、身分制度の枠に庶民を閉じ込め＝専制を行う道具であり、身分の低い者を子供扱いする、平等である人権を無視する仕組みだと批判しています。

政治や国家のことは、賢明で公平無私な親である君主にすべて任せて、「愚かな善人」で赤子の庶民は、羊のように御上《おかみ》からの指示に従って動けばいい、庶民には政治のことは関係ないのだから、というわけです。このような儒教的君主論が日本よりずっと浸透していた当時の清国は、アヘン戦争でイギリスに全面敗北しました。

一方で諭吉は、米国、欧州を訪問して世界各国の歴史を学び、西洋列強の精強さと繁栄は、国民一人ひとりが国の文明を支える当時者意識を持つことがその原動力だと見抜いたのです。

なぜフランスは滅亡しなかったのか？

日本史で有名な桶狭間の戦いは、織田信長が今川義元の野望を打ち砕いた戦闘ですが、大将の義元が討たれると今川勢はクモの子を散らすように四散し滅亡しました。

ところが、フランスのナポレオン三世がプロイセンとの戦闘で捕虜になった際、フランスは国家として滅亡せず、フランス人はさらに激烈果敢に戦い、数か月の激戦の末にプロイセンと和睦をしてフランスは国家を以前と同じく保つことができたのです。

なぜ、両者はこれほど結果が違ったのでしょうか？

「この違いはどこから生まれたのか。今川軍はただ義元一人に依存して、自分はお客さんのように国への当事者意識がなかった。フランス軍は国難をフランス人一人ひとりが自分の問題としてその身に受け止め、人に言われずとも自ら国家のために戦ったからである」
（『学問のすすめ』第三編）

現代日本でも、当事者意識はあらゆる分野で極めて重要な意味を持ちます。所属する社員が会社の業績や成功を、自らの課題として常に受け止めていれば、会社の危機に際して座して眺めるだけでは留まらないでしょう。

以前ビールメーカーのキリンが、会社始まって以来初めてアサヒビールに売上シェア一位の座を譲り渡したとき、社長室にある女性社員がやってきて「この情けない業績を見て、社長は私と一緒に泣いて下さい。私はこの記事を見て泣きました」と悲壮な想いで訴えたといいます。

この女性社員の姿を見て、社長は「わが社は大丈夫だ」と秘かに思ったそうです。その後、キリンは業績を順調に回復させることになります。

また、ＪＡＬの上場廃止後の経営改善を担当した稲盛和夫氏は、最初にＪＡＬ社員と面接をした際、多くの社員に愛社精神があることで、ＪＡＬは復活できると確信したと言われています。

危機を自らの問題と捉える当事者意識を持つ人間が多いほど、集団はより高い問題解決力を持ちます。逆に誰も当事者意識を持たなければ、集団は難局への問題解決力をほとんど失う危機に陥るのです。

日本人に新しい分野への「当事者意識」を持たせた諭吉

諭吉は、私たち日本人が日本という国に対して「当事者意識」を持つべきだと繰り返し訴えます。

日本人全員に改めて政治経済や海外情勢へ目を向けさせて、それらが他人事ではなく、私たち国民自身がまさに当事者であること、だからこそ積極的に国家の自主独立に参加せよ、新しい成功モデルをつくり日本の自立に貢献せよ、としているのです。

「貧富や強弱は固定されたものではなく、人間の努力次第で変化する。我々日本人も、今から学問を志し、気力を固めてまず一身の独立を目指し、それによりこの国を豊かで強くできれば、西洋の力など恐れるに足らない。一身独立して一国独立するとは、このことを言うのだ」（『学問のすすめ』第三編より抜粋）

諭吉の唱えた「新しい分野へ日本人が当事者意識を持つ」と同じムーブメントが現代日本にも秘かに始まっていることを、読者の皆さんもすでに感じているかもしれません。

大震災以前は無関心だった分野に社会全体が当事者意識を持つことで、優秀な人材が新分野に流入し、日本の問題解決力が飛躍的に高まる可能性があるのです。

・社会起業家の育成が今の日本に求められている流れ
・ビジネス分野の優れた人材が教育を手掛ける流れ
・政治行政に、日本国民がかつてない強い関心と危機感を持つ流れ
・世界情勢へ目を向けること、グローバル化へ適応すべきだとする流れ

今後、世界情勢の変化やグローバル化の進展に、日本人が当事者である意識を高めるならば、海外へ積極的に進出する日本人、海外留学する日本の学生は再び増えることになるでしょう。新分野に対して当事者意識を持つことは、これまで未開拓だった分野に新たな人を送り込み、問題解決力を強化するからです。

諭吉が持つべしとした当事者意識

・日本国の自主独立の維持強化
・海外情勢の理解と国家の文明進展

・新たな事業を興して手本となる日本人の必要性
・国家社会に良い貢献を果たす個人となるべきこと

現在、日本という国家、日本人が当事者意識を持つべき新たな分野は何でしょうか。新たな問題を明確にして、日本人全員が当事者意識を持つならば、一挙に社会の変革が始まる可能性を秘めています。

「新しい分野への当事者意識」は、企業にも個人にも当てはまる変革の起爆剤です。社員に製品開発のイノベーションの必要性を痛感させること、新しく必要なスキルを実感することは、企業の人材配置を変え、個人の学習時間の配分を変更する強い動機になるからです。

インターネット検索エンジンの最大手グーグルは「二〇%プロジェクト」という社内ルールで、エンジニア全員に勤務時間の最大二〇%を自分の好きなプロジェクトに費やすことを奨励しています。

開発の社員全員にイノベーションの当事者である意識を植え付けている結果、Gメール、グーグルニュース、アドセンスなどが生まれ、最近では新規プロジェクトのほぼ半数が二〇%プロジェクトを機会に創造されています（『イノベーションのDNA』クレイトン・クリステンセン他著／翔泳社より）。

全員が正しい当事者意識を持つ集団は、突出して優れた成果を出すことも可能なのです。

日本の国家的な問題解決力を一気に高めた

古い儒教的君主論は国民全員から当事者意識を奪うことで、為政者の統治を容易なものする意図がありましたが、日本の自主独立が国民の問題でないと考える〝お客さん的な思考〟の蔓延が、江戸幕府末期においてグローバル化に対する日本の自主独立性が極めて脆弱になってしまった原因だと諭吉は考えたのです。

経営者一人だけが業績を上げるため必死に奔走し、全社員が自分は単なる雇われ者だから、製品の売れ行きに関心を持つ必要性はゼロと考えている企業をイメージして下さい。市場が安定しているときならまだしも、変革期にこのような企業は生き残れません。

諭吉は『学問のすすめ』で、全国の日本人に何と伝えたのでしょうか。

「一身独立して一国独立する」の主旨

・まず個人として経済的に自立すべきだ

・個人の自立を通して日本の自立に貢献すべきだ
・自分の人生に役立つ実学こそ学ぶべきだ
・日本国の自主独立を維持することは、日本人全員の義務である
・日本の文明発展は政府だけではなく、国民全員の役割である

諭吉は日本という国が直面している難題解決は、日本人であるあなた自身の課題なんですよ、と明治の日本人全員に伝えたのです。

『学問のすすめ』が唱えた変革メカニズムを、日本社会は再起動する必要性に迫られています。

これまで「日本は、経済は一流でも政治は三流」と言われてきましたが、私たち日本人は次の課題についても当事者になるべきかもしれません。

「日本人の中から、真に誠実で優秀な政治家が続々誕生して活躍する仕組みを持つべき」

長州（山口県）の吉田松陰は明治維新の起点をつくった人物ですが、「草莽崛起《そうもうくっき》」という思想を唱えています。旧幕藩体制の「官」ではなく、在野（草莽）の民間人から優れた

人たちが山のように多く沸き立つ（崛起）ことで民衆の力を結集させて日本を革新すべきだという思想です。

桂小五郎、高杉晋作、伊藤博文など明治を切り拓いた偉人が長州から輩出されたのは、彼らが日本を背負って立つ国難への気概と当事者意識を持っていたからです。

歴史的事実として、日本は十九世紀に西洋列強の植民地化を退けた数少ないアジア国家となりました。それは他の国家に比較して、日本の自主独立を自分自身の課題とした、国家への当事者意識を持っていた日本人の数が極めて多かったことが原動力だったのです。

日本国の政治や自主独立に国民が当事者意識を持ったとき、優れた日本人が大挙して政治・行政・教育分野へ流入し、新国家を創造する強力な基礎となったのです。

まとめ

個人が当事者意識を広げるほど、集団の問題解決力は大きく強くなる。古い儒教思想は国民から当事者意識を奪ったが、日本人は国家の新たな課題に正しい当事者意識を持つべきである。

成功の本質

03

変革期こそ活躍の場は急増する

気づいたときには世界で戦えなかった

「学んだ学問を実行すべき分野は数えきれない。商売、法律、工業、農業、著述、翻訳他、文明の事業はことごとく我が物として、国民の先を行き、政府と助け合い、一国全体の力を増す。力の薄弱な日本の独立を、外国と争って少しも譲ることのない、不動の基礎を持つ独立へと移し替えることだ」（『学問のすすめ』第五編）

「闘えば必ず負ける」。黒船に乗船した幕府の役人は、そう判断したそうです。アメリカ海軍東インド艦隊（黒船）は、日本の大砲よりはるかに高いレベルの技術でつくられており、江戸湾（現在の東京湾）の砲台では、黒船の侵入を防ぐことはできなかったのです。

現在のお台場は、夜景がきれいなこと、東京では珍しい砂浜のデートスポットとして有名ですが、歴史的には楽しいレジャーとは一八〇度違う理由で造成された建造物です。黒船との武力差・技術差に驚いた幕府が、江戸防衛のために必死で建造した砲台基地がもともとの「台場」です。この台場により翌年ペリーの艦隊は江戸湾に近づかず、横浜に上陸することになりました（砲台自体は実戦では一度も使用されませんでした）。

幕末から明治維新にいたる期間に、当時の日本人はある一つのことを何度も痛感します。すでに実戦の気風を失い、単なる官僚化した日本の武士階級が、西欧列強との戦闘で、極めて弱体で役に立たなかったことです。

国内では権力の中枢でありながらも、一旦開国というグローバル化に直面した際に、幕府は頼りなく迷走するばかり。一八五八年に不平等条約である日米修好通商条約が締結されて日本国内の政治経済が大混乱を迎えると、やがて有力藩を中心として「外国勢力排除運動」＝攘夷運動が盛り上がりをみせていきます。

日本は現状を研究し、上回る戦略へ舵を切った

「今の世に生まれ、国を愛する気持ちがある者は、政府民間を問わずまず自分自身の独立

を目指し、余力があれば他人の独立を助けなければいけない。父兄は子弟に独立を教え、教師は生徒に独立を勧め、あらゆる職業身分の日本人が独立して国を守らなければならない」（『学問のすすめ』第三編）

幕末の時代背景の中で、諭吉は一九歳（一八五四年）で長崎に遊学します。唯一オランダとの交易があった長崎の出島には、最新の技術や西洋の事情に詳しい人物が集まり、諭吉は長崎で西洋と日本のさまざまな格差や新しい時代の兆しを感じる体験を重ねます。

下関戦争、薩英戦争で各藩と武士が西欧列強に敗れた衝撃は、日本人が冷徹な現実によ うやく目覚める強い契機ともなりました。

大きな敗北が国民の目を覚ますという意味で、一九九〇年代後期から続く経済の沈滞や二〇一一年に日本を襲った東日本大震災と原発事故から、日本人が現実に対して目を覚まし、強い危機感を持ち始めたことに似ています。

長州藩の高杉晋作は、下関戦争で西欧列強に惨敗したことで、軍備刷新のために兵制度と構成を激変させ（奇兵隊の創設）、のちに長州藩が江戸幕府軍を撃退する原動力となります。

文化知識面では当時最先端の技術的知識を持つ人物、開明的な改革思想を持つ人物の元に多くの意欲的な日本人が集結し、外的圧力に対抗し跳ね返すための「新たな学問」に急速に取り組み始めます。

国家全体が急激な変化に反応し、あらゆる面において日本に新しい風が吹き始めます。現状を研究して、それを上回る戦略を見つけることにすべての日本人がひたすら奔走した時代。それが幕末から明治という大変革期だったのです。

平民主体の奇兵隊が、実は強かったという衝撃

高杉は、奇兵隊などの長州軍を鍛錬するために、元医師で西洋学と近代兵学を学んだ軍略家、大村益次郎に担当させます。

大村は最新の武器装備への変換、部隊指揮官への近代戦術の講義などを徹底して行い、兵数は幕府側に劣るにもかかわらず、各地の戦闘で勝利。その後、奇兵隊は日本統一への戦争である戊辰戦争でも主力部隊の一つとして大活躍し、長州男児の勇名を一躍轟かせることになります（大村は大坂時代の諭吉の先輩だった人物）。

幕末期、威光ある戦闘集団として「武」の象徴だった武士の部隊より、農民や町民を編成した新軍隊と元医師の軍略家のほうが、実は「武」にも優れていたことは、当時の日本

人に新たな時代を意識させ、硬直化した旧制度で動く者より、最新技術を進んで研究した者のほうが強いという変革期の冷徹な現実を見せつけます。

権威のみでは勝てず、必要な学問を実践する者が躍進する時代が日本に訪れたのです。

「戊辰戦争は七年も前に終わったのに、国民の心理的変化はまだ続いている。つまり、この変化は戦争による一時的な変化ではなく、文明が促しているより本質的な変化なのだ」（『学問のすすめ』第九編より抜粋）

「およそ動かないものを導くことはできない。学問の道を率先して唱えて、天下の人心を導き高度な水準に進ませるには、変化している今が絶好の機会なのである」（同前）

文明が促す本質的な変化の時代を迎えたときは、社会全体をより良い方向へ導くチャンスでもある、だからこそ、この機会に巡り合うすべての学問を志す人間は、時代が与えた絶好の機会を、最大限に生かす努力をすべきだと諭吉は述べています。

中国などアジア諸国の台頭やインド、ブラジルの躍進、そしてＥＵの凋落など、日本が直面する世界環境は歴史上前例のない流れです。

政治の世界はもちろん、ビジネスの世界でも不可逆的な変化は始まっています。例えば、資源価格の高騰により、燃費のいい自動車は世界的なニーズを獲得しており、ハイブリッドカー開発で優位だったトヨタ自動車が、生産台数世界一に返り咲く原動力となりました。

ファッション業界でも、世界中で「品質と価格の安さ」を両立させた服を求める層が増え続けており、H&Mなどのファストファッションと呼ばれる企業が業績を大きく伸ばしています（二〇一三年春、ユニクロは過去最高益を予想しています）。

本質的な変化を活用して勝つ企業や国家が、新たな強者として台頭する時代なのです。

変革期こそ、志のある人物の活躍の場は急増する

「しかし将来に望みがないわけではない。前途の望みなく努力する者はいない。明日の幸福のためにこそ、今努力するのだ。社会が硬直的なときは、志がある人物でも目的を抱くことが難しかった。変化の時代こそ、国民が自分を新たに活かす場所を見つけて活躍するときである。その上で新たな知の戦いに勝つならば、日本の地位を高めることが可能である。社会の義務を知る日本人は、この時代を傍観せずに、まさに発奮すべきである」（『学

問のすすめ』第一〇編より抜粋）

高杉晋作の奇兵隊の例を見るまでもなく、旧来の固定的な階層に囚われず、意欲あるすべての日本人が活躍し、国家に貢献すべき時代となりつつあるのです。日本人一人ひとりの努力と知恵が日本を豊かにするのです。

今、国家にもっとも必要とされる事業にあらゆる才能が取り組むことが急務であり、日本に困難と課題が多い変革期こそ、あなたの手腕を存分に発揮する機会が無限にあると、諭吉は訴えます。

日本人として社会的義務を理解している者は、この時勢に勇躍し、学問をする者はまさに今奮起すべきだと『学問のすすめ』は私たちに熱く語りかけているのです。

まとめ

変革期は既存の手法が通用しないため、権威よりも新しく効果的な学習を積んだ者が勝利する。また、変化の時代は、志のある人物が活躍を期待されるときでもある。

成功の本質

04

国家とは本来、国民がつくるものである

日本政府と、日本人全員の約束という構造

「日本国民は日本の中で二つの役割を勤めている。一つは自分たちの代理の政府を立てて国中の悪人を取り締まり、善人を保護すること。もう一つの役割は、政府との約束に従い、自分が国の法律を守ることによって、国家の保護を受けることである」（『学問のすすめ』第六編）

諭吉は『学問のすすめ』で、国民の代理として国法を執行する政府の「正しい権力」と、国民の権利を無視し人権を抑圧する「暴力」を区別しており、「正しい権力」が機能している限り、日本国民自身も国家との契約者として、国民の代理である政府が定めた国家の

法律を、しっかり守る義務があると説いています。

その上で諭吉は、内なる義務として個人が自立した生活をすること、外なる義務として日本人の名を辱《はずかし》めず、国中の人間と協力をして、日本という国の自由独立を強固なものにするという、日本人の二つの義務を挙げています。

西郷隆盛、勝海舟、大久保利通、高杉晋作、坂本龍馬、木戸孝充など幕末から明治維新にかけて大活躍をした日本人は、いずれも日本という国の自由独立を守り、堅固にするために奔走しました。偉人たちは日本人であることの義務を果たしたとも言えるでしょう。

ちなみに、西郷は諭吉の著作『文明論之概略』を愛読しており、影響を受けていたと言われます。彼の「廃藩置県（旧幕府の藩の解体）」で、時代遅れの封建体制を刷新した手腕に諭吉も感銘を受け、西郷が西南戦争で亡くなると彼を擁護する文章を書き上げています。

独立心がないと三つの悪影響が生じる

第三編では有名な「一身独立して一国独立すること」という言葉のあとに、国民に独立の気概がない場合の弊害を三つ挙げています。

（以下、『学問のすすめ』第三編より抜粋）

①独立の気概がない者は、国を想う気持ちが弱い

人々が独立心を失い、他人に依存するばかりでは、全国民はすべて依存者になり、たとえて言えば、目の不自由な人ばかりで、手を引いてくれる人がいない状態になる。

②日本国内で独立できない者は、海外で外国人に接しても頼りない存在のままである

独立の気概がない者は必ず人に依存して相手を恐れるようになる。常に人を恐れてへつらう者は、面の皮だけ厚く、恥を忘れ、人に対して卑屈になるのが日常となってしまう。

③独立の気概がない者は、他人の権威を使って悪事をなすことがある

旧幕府時代には、大名の権威を使って無理を押し付ける取引があった。同様に今、外国人の権威を使って無理を押し付ける取引がないとは言えないのではないか。外国人が増えていくなかで、このような悪事を行うものがあれば、日本の大きな禍《わざわい》になるだろう。

人に依存すれば、依存する相手を恐れ、やがて常に相手にへつらうようになってしまう。これは現代の集団・個人にも通じる大変鋭い指摘でしょう。独立心がないこと、独立心を養わないことは、個人の問題対処能力や難関を乗り越える能力を大幅に奪うことなのです。現代日本でも「日本人の独立心」こそが今、問われているのではないでしょうか。

独立心は個人の問題解決力の源泉であり、日本国を支える力

「日本という国全体を整備充実させることは、国民と政府が両立して初めて成功することである。私たち日本人は国民の役割を果たし、日本政府は政府の役割を果たして、お互いに助け合うことで日本全体の自主独立を維持すべきである」(『学問のすすめ』第四編)

日本政府は日本国民が選んだ代理人であり、日本の独立を支えているのは、私たち日本人一人ひとりの独立心なのです。独立した日本人が増えるほど、この国の自由と独立が確固たるものになるならば、親子や教師、その他すべての関係において他者の独立を促すことが大切であり、日本人全員を解放して皆で問題に対処するほうが、一人で思い悩むよりもずっと問題解決の威力は高まります。

これは国家と国民の関係だけではなく、企業組織も地域社会も同じではないでしょうか。

日本という国家や社会を進歩させるのは、やはり私たち日本人自身なのです。

ところが明治初期は、江戸幕府の長い専制政治のあとだったことで、庶民は依存心を消すことができず、正しい主張や議論をする独立心と役割をすっかり忘れていたのです。

『学問のすすめ』は日本国民こそが日本という国家であり、私たち日本人の独立心こそが日本国を支える力なのだと広く再認識させていきます。

当時の日本人の活力と独立心は、日本政府を刺激する力となり、政府と国民が並び立ち日本は急速な近代国家への道を邁進することになったのです。

社会を進歩させることも国民の義務

二十一世紀の現代は、国内海外共に多くの課題が山積している難しい時代と言われます。しかし、幕末や明治維新で、志士たちが日本を憂えて獅子奮迅《ししふんじん》の活躍を見せたときほどの危機的状況に私たちは置かれているでしょうか。

「昔から能力のある人物は心身を労して世の中のためになることを成す者が少なくなかった。社会の義務を受け止めて、高い理想を持っていたからだ。今の私たちは先人たちの残した文明の遺産を受けて進歩の最前線に立っている。だからこそ進歩に限界を設けてはいけない。今、私たちが先人を尊敬するように、後世の人をして私たちの現在の功績を敬うようなことを成し、現在の私たちの進歩を長くのちの子孫に伝える義務がある」（『学問のすすめ』第九編より抜粋）

私たち日本人は、過去日本に住んでいた先祖の文化的遺産を受け継いでおり、同時に現在の日本を進歩させて、後世の私たちの子孫に長く伝える義務を持っています。政府と国民の社会契約の構造からも、日本という国家は私たち日本人自身と言っていいでしょう。

諭吉は時代の転換点で、「当事者意識」と「自立心」を日本国民全員に呼び起こし、難局を乗り越えようとしたのです。

まとめ

国民こそが国家をつくる主体であり、国民自身も国法を正しく守る義務がある。日本人の当事者意識と独立心こそ、日本を新しい時代に飛躍させる原動力である。

第2章

新しい時代を切り拓く実学とは？

現実を変える「新しい視点」の発見

成功の本質

05 現実に役立つ学問だけが人生を好転させる

時代の転換点で、あなたの人生をどう好転させるか？

幕末から明治に変わる時期は、日本社会の大転換期でもありました。過去には通用した古い考え方や権威が崩れ始め、古い「学び」の定義が役立たなくなっていきます。

「家を建てるのに、のこぎりやかなづちは必要だが、道具の名前を知っているだけでは家を建てることはできない。文字を知るだけで物事の道理を知らないものは学者と言えない。いわゆる論語読みの論語知らずであり、学問を実生活に活かせない者は、文字の問屋、飯を喰う生き字引に過ぎず、国には無用の長物、経済を妨げるただ飯喰らいである」（『学問のすすめ』第二編より抜粋）

レイ・クロックは、世界最大のハンバーガーチェーンであるマクドナルドの創始者であり、生涯で五億ドルの資産を築いた立志伝中の人物です。彼は自伝『成功はゴミ箱の中に』(プレジデント社)で、「世界には教育を受けた落伍者があふれている」と指摘しています。

論吉は初編、第二編でも「現実の世の中では貧富、強弱、知恵の高低」には雲泥の差があり、大貴族のように美服美食をする者、役人や大商人になる者もいれば、低所得の労働者として借家住まいで衣食にも困る者もいると書いています。

「現実の人生に」学びを活かせない者は、永遠に論語読みの論語知らずであり、実社会の雲泥の差を乗り越えられず、好転できないまま人生を悲しく終えることになるのです。

それは、今のあなたの目標を達成できる学問か?

論吉は『学問のすすめ』初編において、実用性のない学問、今日に必要なことを達成することができない学問は、まずは後回しにすべきだと述べています。

「古くから漢学者に社会生活の上手な者が少なく、和歌が上手くて商売もできる庶民も稀である。これが理由で心ある町人百姓は、その子供が学問に精を出すことで、財産を食いつぶしてしまうのではないかと親心に心配する者がいた。無理もないことだ」（『学問のすすめ』初編）

皆さんは、自分の人生を良い方向に変えることができているでしょうか？

人生や日常を振り返って、今日に解決したい問題や変えてみたいと思ったことを実際に達成できていますか。変えたいこと、達成したいことが長期間できていない場合、日々学習をしているつもりでも、実際はあなたの学びは停止している可能性があります。

人生には雲泥の差が生まれると諭吉は言いますが、あなたの課題を解決できない時代遅れの学問に固執すれば、私たちは自由を得るどころか、理想とする人生からますます遠ざかることとなります。これでは、やがてあきらめを抱えながら人生を歩くことになるでしょう。

諭吉は、現実に役に立たない学問を捨て、自らの人生を変えるような学びを何より優先すべきだと提案しています。

個を変え、ひいては国家を変えるためには、学問を飾りではなく、現実世界をサバイブするための本当に効果的な武器にしていく必要があるのです。

変革期を乗り越えた諭吉の「二つの実学」

古く時代遅れの学問が、人生に自由と成功を与えてくれないならば、私たちは一体何をどう学べばいいのでしょうか。諭吉は「実学」という新しい学びの定義を提示します。

「(実学とは) 例えば、いろは四七文字、手紙の書き方、帳簿のつけ方、計算の稽古、計量はかりの取り扱い方を学んで身につける他、さらに進んで学ぶべきことは多い。地理学とは日本や世界各国の風土を教えてくれるものであり、物理学は天地万物の性質から法則を知る学問である。歴史とは年代記の詳しいもので、万国の古今の様子を詮索する書物である。経済学とは個人一家の家計から世界の家計を説明するものである。修身学は人の行動を修めて、社会を渡っていくときの自然の道理を述べたものである」(『学問のすすめ』初編)

注意深く読むと諭吉の実学に関する記述には、二つの分類があるのがわかります。

実学①　日常生活に役立ち、自分の付加価値を高めるスキル
(例)いろは四七文字、手紙の書き方、帳簿のつけ方、計算術、計量はかりの使い方など。
実学②　社会をより深く「新しい視点」で理解できるもの
(例)(当時最新の洋学である)地理学、物理学、歴史、経済学、修身学など。

現代の感覚では、地理学、物理学、歴史などは「実学」という印象はなく、学んでも今日明日の日常的な用事に役立つわけではありません。

しかし、諭吉はそれらも「実学」と定義します。それは、学ぶことで新しい見地から物事を理解する効果、例えば、歴史の知識を元に国内や海外で起こっている出来事をより適切な形で見極められるなど、「新しい視点」を獲得する効果があるからです。

当時、まだ珍しく最新の学問である洋学を学んだことで、「最新の洋学を通して自分の社会や世界を見る」という特異な経験を諭吉自身が積んでいます。渡米、渡欧、洋学という「新しい視点」を通して日本社会と世界を眺めた諭吉は、自らが得た体験による膨大なメリットを、実学の記述の中に込めたのではないでしょうか。

変革期の日本人は、学ぶ対象を新たに変えるべき

日本の歴史における大変革期を乗り越えた諭吉の「実学の定義」をまとめてみましょう。

諭吉が身につけるべきとした「実学」とは？

・自らの日常の役に立つ学問
・世界の見聞を広めてくれる学問
・実務を適切に処理できる学問
・物事の性質を見極める学問
・今日に必要とされる問題解決ができる学問

『学問のすすめ』は、変革期に学問を修める際、私たちが「どのような基準で学習するものを選ぶべきか」を日本人全体で転換すべきというメッセージでもあったのです。

三〇〇年間続いた江戸幕府は、黒船来航からのグローバル化と開国で噴出した新たな問題を解決できず、危機感を抱いた志士たちにより日本は明治政府へ体制移行します。

新しいグローバル化によって従来とは違う問題に突き当たっている、現代の私たち日本人も、学ぶ対象を変え新たな解決力を得る必要に迫られているのです。

日本全体として、諭吉が実学を提唱した効果

・劣化して効果を失った古い学問分野から、優れた人材を引きはがす効果
・新時代に必要かつ高く評価される分野へ、日本人を大挙流入させる効果

諭吉が実学を提唱した結果、日本全体として学ぶ対象を変化させ、新しい時代に対応できる新たな問題解決力を持つ日本人を激増させたと考えられるのです。

実学は人生の自由を得るための「良質の武器」となる

「これらは人間にとって当たり前の実学であり、身分の上下に関係なくすべての人間が身につけるべきものである。この実学を身につけたのちに各自の仕事の分野において家業を営み、個人として独立し、一家として独立し、国家としても独立すべきである」(『学問のすすめ』初編)

江戸時代の帆船を操縦する方法を学んでも、最新のボートやヨットは操縦できないでしょう。学ぶ対象を正しく切り替える効果は、私たちが今まで動かせなかった日常の現実を変えていくことになるのです。

変革期に社会や世間から必要とされる実務的な技術を身につければ、あなた自身が高い評価や報酬を得て、抜擢されやすくなります。周囲の人たちから重宝され、信頼される日常の基本的なスキルも当然ないがしろにはできません。

学問の最終目標は「一身独立して一国独立する」。すなわち、私たち個人が独立した人間となり、国家の自由独立を確固たるものにする貢献ができることです。

諭吉は個人の人生を変革するために、学ぶ対象をまず正しく変えるべきだと伝え、全日本人が、新たな時代の実学へ向かう道をつくり、日本に大変革の扉を開いていきます。

まとめ

学問は実生活に活かせなければ意味がない。時代遅れの学問を捨て、自らの人生で自由を得るための良質の武器「実学」こそ、今まさに学ぶべきである。

成功の本質

06

新しい可能性は自らの「発見力」次第である

地球と同じ環境の星が数千倍に増えた理由

二〇一二年四月、ＪＡＸＡの小惑星探査機「はやぶさ」のプロジェクトマネジャーである川口淳一郎氏とジャーナリスト・立花隆氏の講演会で、非常に興味深い話を聞きました。

過去「地球と同じ環境で生物が存在できる星」を探査する宇宙事業では、地球と同じ環境が整った星は、銀河系での存在可能性は一つ程度と考えられていました。

ところが、二十一世紀の現在は地球と同じ環境の星は、少なくとも数千個はあることが宇宙研究に携わる人たちにとっての「もはや常識」となりつつあるというのです。

広い宇宙にたった一つだったものが、数千個は確実に存在するという共通認識の大転換。このような劇的な変化は、なぜ起こったのでしょうか？

実はこれは、観測に使う電波望遠鏡の劇的な性能の向上が要因です。より遠くに、より広範囲で正確な情報を分析できる電波望遠鏡が開発され、遠方かつ広い範囲の星をさらに正確に探査できるようになり、その結果、「地球と同じ環境の星」が当初の想定よりも数千倍多いことがわかったのです。

観測能力が拡大することによって可能性が爆発的に広がったのは、宇宙の星だけに限られていません。

二〇一二年六月、東京大学の研究チームが太平洋の南鳥島付近の海底に、日本の年間消費量の二二〇年分に相当するレアアースの海底泥を発見したと報道されました。

新たな測量法、新たな採掘技術の開発は、日本が資源を持たない国から、世界有数の資源大国に変貌する契機になるかもしれないのです。探査方法や採掘能力が劇的に向上すれば、日本の領土内で大規模天然ガスや油田などを発見する可能性も否定はできないでしょう。

また、二〇一二年一一月には、国際エネルギー機関（ＩＥＡ）が、非在来型シェールガス開発など、新しい採掘方法の確立により、二〇一七年までに米国がサウジアラビアを抜き、世界最大の産油国になるとの予測も発表しています。

「万物の恵みにより樹木作物は育ち、石炭は山にあるものを掘り出すだけであり、自然の精緻な働きは人間に膨大な利益を手渡してくれている。人間は九九％自然が準備してくれた恩恵の、残り一％を足して、用意された恩恵を利用しているにすぎないのである」（『学問のすすめ』第九編より抜粋）

生物が住める星の数は、私たちが現在発見できている宇宙のごく一部にしかすぎないのです。社会や個人が獲得できる富の量も、実は私たち人間側の「発見力」の拡大にかかっているという、極めて重大なことをこれらの事例は教えています。

虚学による二つの恐ろしいデメリット

実学ではなく、現実には役立たない「虚学」が私たちの人生にどのようなデメリットを生むか考えてみましょう。前項で、諭吉が実学を二つに分類していることを紹介しました。

実学① 日常生活に役立ち、自分の付加価値を高めるスキル
実学② 社会をより深く「新しい視点」で理解できるもの

では、その逆の「虚学」ばかりを学ぶことの弊害とは何でしょうか？

虚学① 日常が非効率のままで、かつ自分の価値が社会で低く評価され続ける

虚学② 自分の目に、社会・世界のチャンスや豊かさがまったく映らない

「『古事記』を暗唱できても、米の値段を知らない者は実生活の学問に弱い者である。古典史書に極めて詳しくとも、商売の方法を知らず正しく取引ができない者は、現実経済に弱い者である。数年の苦学と多くの学費で洋学を修めたあとにも、個人の自活さえできない者は、今の世の中に必要な学問に疎い者である」（『学問のすすめ』第二編）

学習対象が「実学」でないことの悲劇は、いくら学び続けても自分の生活を改善させることができず、新たな価値を生み出せないことです。特に②は新しいチャンスが映らない古いメガネをかけているようなものです。実学を学ばないデメリットは、日本を覆う「閉塞感」そのものの正体ではないでしょうか。

あらゆる限界は、観測する側の能力に依存している

実学②の記述が示唆することは、これまで知らなかった学問（知識）を通して社会や世界を見ることは、天文学における最新の電波望遠鏡のように、私たちがこの世界で発見できる豊かさの範囲を押し広げる機能を持つということです。

「何事も世の中の様子は次第に進み、昨日便利なものも今日にはイライラするようなものとなり、去年の新しい工夫も今年には陳腐なものになっている。西洋諸国の発展する勢いを見ると、どんどん改良され日々進歩しないものはない。あらゆるものは知恵が発展するにつれて進歩し活発となり、その到達点の限界は予想することができない」（『学問のすすめ』第九編より抜粋）

私たち個人が獲得できる豊かさは、固定された量ではなく、その人が社会という環境の中で発見できる能力に比例して変わるのです。

地球上の豊かさ、日本という国が持つ豊かさ、私たちの社会が持つ豊かさの限界点は、

この視点を思えば、いまだまったく見えていません（星の事例を思い出して下さい）。

「実学」が社会で発見できる豊かさの範囲を押し広げると諭吉が喝破したならば、彼が海外に渡航するたびに珍しい美術品などではなく、日本に有益だと考えられる最新の学問書ばかり買い漁った理由もわかります。「新たな実学」を日本に導入することは、美術工芸品などと比較にならない、真の豊かさを日本に運ぶ行為だったからです。

電波望遠鏡の導入で、地球と同じ環境の星が以前の数千倍も発見されたように、明治の日本人が大挙して「新たな実学」を学んだことは、日本国民全体で新しい視点を手に入れることができる「発見力」を驚異的に高めたと考えられます。


「進歩は形ある機器に限らない。人の知恵が開ければ交際もますます広くなり、交際が広くなれば、人情はますます和らいでいく。国際法により戦争も軽率に起こすことがなくなり、経済・政治・商売もさらに活発になる。（中略）到達点の限界は予想することができない」（『学問のすすめ』第九編）

「新しい視点」で世界を眺めることは、時に驚くほどの豊かさを生むきっかけとなります。

楽天を創業した三木谷氏は、日本興業銀行に入社後ＭＢＡを取得するため米国留学したことで、ビジネスマンが「当たり前に起業する」文化に触れ、日本に戻ったのち退職して楽天を立ち上げます。

iPhoneなどの世界的成功を収めたアップルの創業者スティーブ・ジョブズは、瞑想の習慣から「コンピューターは静かであるべきだ」という「新たな視点」を得て、冷却ファンのないパソコン、アップルⅡを発売して市場を驚かせました。

デル・コンピューターの創業者、マイケル・デルは学生時代にパソコンを分解して性能を増強する趣味から、パソコン部品のコスト構造に精通したことで、店頭販売される製品の価格と、部品単体の価格差に気が付き、パソコンの直販モデルを生み出します。

彼らはこの世界から新しいチャンスを見つける視点を学び、大成功を収めたのです。

諭吉は実学を二つに分類しましたが、一般的に実学というと、実学①の「日常生活に役立つスキル」を思い浮かべるかもしれません。

しかし、特筆すべきは実学②の「社会を新しい視点で理解する」ための学問の存在です。実学とは日常役立つスキルや、あなたの付加価値を高める学習のみではなく、直面する世界から私たちがいまだ知らない豊かさを発見できる、「新たな視点」を与えてくれるものなのです。

豊かさは見る側の「発見力」に左右される

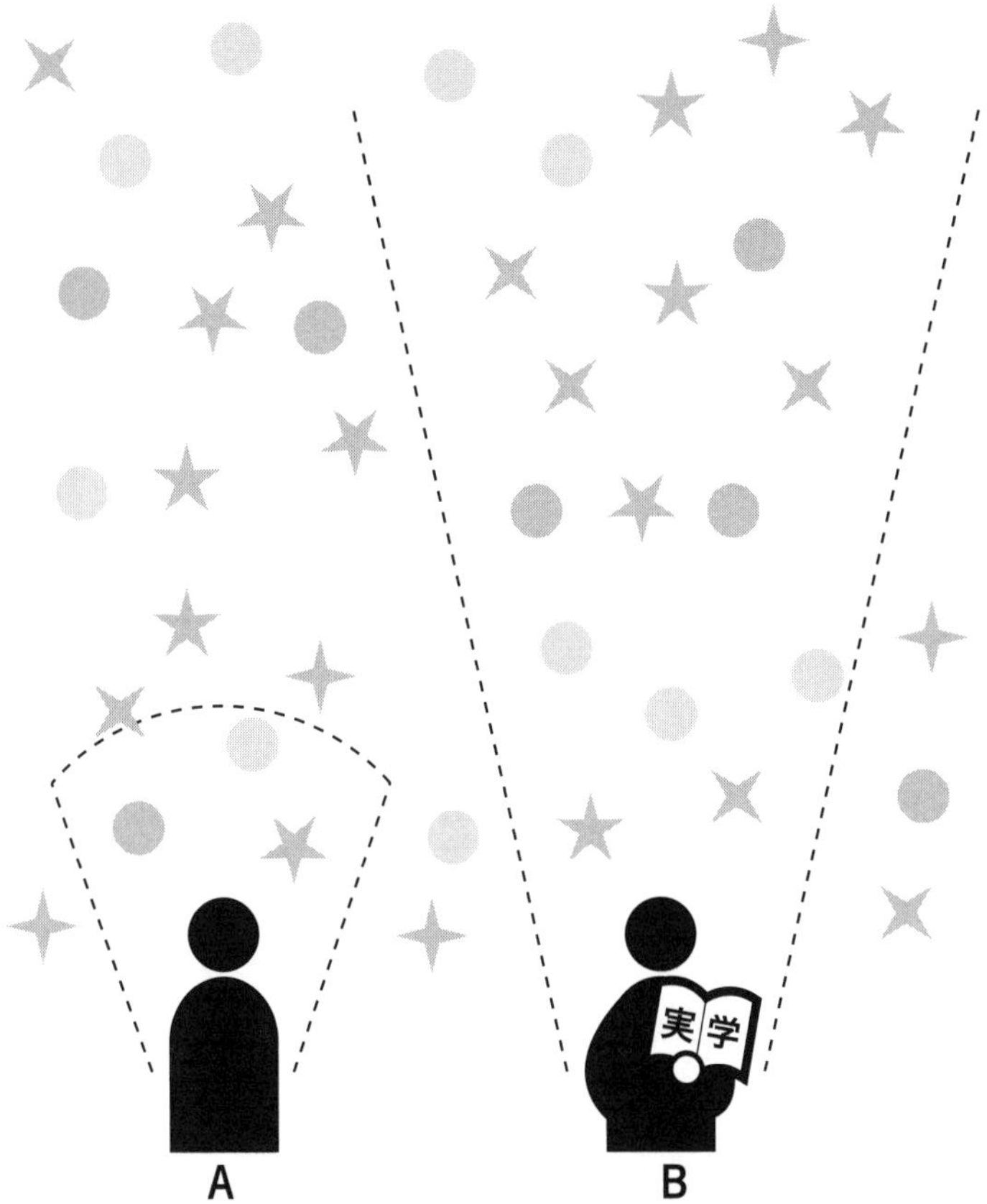

「発見力」を高める学問こそが「実学」

実学が視点を変えるリフレーミングとなる

スタンフォード大学の名物博士であるティナ・シーリグの『未来を発明するためにいまできること』（阪急コミュニケーションズ）では、第一章で視点を変える重要性を指摘しており、一連の行動を「リフレーミング」と呼んでいます。

『パラダイムの魔力』（日経BP出版センター）を書いたジョエル・パーカーは、パラダイム（支配的な思考）を変えられる人を「研修を終えたばかりの新人」「違う分野から来た経験豊富な人」「一匹狼」「よろずいじくりまわし屋」の四種類の人物だとしています。

これらの人物は既存の考え方を知らないか無視できる人であり、古い視点ばかりに囚われないことで、物事から新しい可能性と豊かさを引き出すことができるのです。

幕末の日本はあらゆる分野で視点の切り替えが求められ、視点の切り替えを啓発する書物や場、優れた先見性を持つ師を得た人たちが時代を変革する大活躍をしています。

海外の一流大学がリフレーミングの重要性を説く現代と、幕末・明治期、諭吉が活躍した日本の雰囲気は、新時代の大変革を予感しているという点で、どこか似ていると感じます。

諭吉も幕末の志士も、日本の危機に呼応してあらゆる機会と場所を求めて新たな学問を学びました。彼らは日本の可能性と豊かさを、さらに無限に拡大できると信じて歴史を開きます。諭吉の「実学」は視点を一気に解放し、日本を変革する鍵となったのです。

まとめ

実学には二つの要素がある。一つは日常生活に役立つスキル的要素のものであり、もう一つはこの世界から豊かさを発見するための「新しい視点」を与えてくれるものである。

成功の本質

07

「新しい視点」と「人望」が飛躍を生み出す

実学の実践にも正しい順序がある

幕末期には珍しく、諭吉は書生（学生）として蘭学など洋学を学び、数度の海外渡航経験を持ち、のちには慶應義塾を創設するなど先進的な教育者の側面も持ちました。

書物のみではなく、実践しながら新しい時代の啓蒙思想家として活躍した彼は、極めて現実的な視点を持っていたと考えられます。

特に『学問のすすめ』第一〇編では、社会人として当然の生活をできていない者は、まずは自身の生活を正すことが先決であり、個人としての自立をしてから、より高い目標としての日本国家への貢献を目指すべきとしています。

「放蕩無頼の若者を導くにはどうするか。まず酒と遊びを禁じ、適切な仕事に就かせる。酒と遊びを禁じる間は、まだ家業について話すべきではない。放蕩をしない状態は、無害なだけで褒めるほどではなく、まだ無用の長物。放蕩せず、仕事に就き、身を養い、一家に有益な人物となって初めて人並みと言える。自活の議論も同様である」(『学問のすすめ』第一〇編)

実学も、基本的なことをきちんと行えるスキルから次のステップへと進むべきで、段階を踏まずにいきなり飛躍しようとしても、決して目標にたどり着くことはありません。

実学には二つの分類があり、現実世界でサバイブしていく上ではそのどちらも大切です。

しかし、いきなり「視点を変える」といっても簡単なことではありません。基本スキルが身についていなければ、仮に新しい視点を手にしても具体的な行動に移せないからです。目標達成につなげるためには、実学の習得も段階的に行う必要があります。

雑務で師の信頼を得た諭吉の少年時代

諭吉は若いころ、古い檻から自然に飛び出す体験をしています。

一つは、一九歳で長崎へ遊学し蘭学を学んだとき。下宿先の山本家は、当時最新の砲術の蔵書があり、諭吉は師に代わり写本の貸し出しを担当。日本中から志ある人物が山本家に教えを乞うために訪れて、諭吉は田舎の書生ながら各藩を代表する知識人や洋学者と出会う立場となります。

諭吉は老齢で目の悪い師に代わり、山本家の雑事全般を見事に取り仕切り、師から絶大な信頼を得て、「我が家の養子にならないか」と言われるほど可愛がられました。

彼は師の子供への漢書の読み聞かせから、風呂で師の背中を流すこと、大砲などの図面模写までしています。周囲に重宝される「日常のスキル」が彼の最初の一歩だったのです。

もう一つは、大坂で緒方洪庵の適塾で塾頭だった時期に藩から江戸屋敷での蘭学講師を命じられたとき。大坂で最新の蘭学を修めたことは、諭吉が適塾の書生から、日本の中央である江戸で中津藩邸の蘭学講師となる道を開くことになりました。

諭吉は一〇代の半ばから、漢学・儒学系の学問を修め、漢学者の前座くらいはできるほどでした。しかし、古く伝統的な学問分野では、固着したヒエラルキーを飛び越える力は発揮できず、上士の子は上士、下士の子は下士という伝統的な身分制度の枠組みに頭を押さえつけられ続けて鬱憤をため込みます。

少年諭吉は最初から大望があったわけではなく、遊学した長崎の山本家から信頼される人間性や雑務で重宝される変革スキルをまず身につけています。その上で、下宿先の山本家が最新砲術の専門家で極めて珍しい蔵書を持っていたことが飛躍の元になりました。西洋列強に脅かされていた時代背景から、新砲術は実用的な知識技術として、各藩の有能な人物がこぞって求めた知識です。時代の追い風が吹く分野だったとも言えるでしょう。旧権威が存在せず、新しい需要や、次の時代の問題解決ができる新分野ほど、学習が飛躍に直結しやすいことも、諭吉自身の人生の飛躍から学ぶことができる点です。

実務スキルから「視点の転換」への飛躍

基本スキルを習得することは目標達成の大前提となりますが、それだけでは惑星の爆発的な発見のような飛躍にはまだ結びつきません。

では、実学を通して現実世界に飛躍を生み出すためには、何が必要なのでしょうか。

多くの人は、米カリフォルニアで大繁盛店だったマクドナルド兄弟のハンバーガー店を見たとき、単に店を真似ることに躍起になりました。

しかし、人生の長くをセールスマンとして活躍したレイ・クロック（当時五〇代）だけは、マクドナルドを「販売する対象」と考え、世界中にフランチャイズを広げ、生涯で五億ドルという膨大な資産をつくります。

レイ・クロックは紙コップやミキサーのセールスマンとして、すでにある程度の成功をそれまで収めた人物でした。彼にはその分野で基本的なスキルや知識、経験があり、実学①の「実務的なスキル」を持つ、優れたセールスマンだったのです。

しかし、彼が実業界の偉人になるためには、誰もが持った視点とは別の視点でハンバーガー店を眺める必要がありました。

「私はビジネスをセールスマンの視点でとらえていたのだ」

クロックは著書『成功はゴミ箱の中に』（前出）でこう言っています。これこそ実学②の「新たな視点」を持つことによる飛躍です。

この飛躍の構造を諭吉の青年期と比較すると、二人には共通の流れが存在します。

諭吉とクロックに共通する飛躍の三ステップ

ステップ① 生活に必要な「基本的なスキル」を磨く
ステップ② 「次の時代に必要な分野」に近づく
ステップ③ 「新しい視点」で物事を眺めて、新たな豊かさを発見する

右の三つのステップのどこまで進むかは、私たちでも選択が可能だと言えます。

少なくとも、日常生活を送れるだけの収入を得る基本的なスキルをまず身につけることは、人生を送る上では欠かせませんが、現在の仕事をしながら新しい時代に必要とされる分野に少しずつ近づく、つまり、次の時代に必要とされる商品や分野に触れる行動を起こすかどうかは、私たちの意欲と選択にかかっています。

さらに飛躍を求めるとき、私たちは現実を「新しい視点」で眺めて、古い視点では見出せなかったチャンスや豊かさを発見することが必要になります。

これは惑星探索や地下資源の新たな発見と同じ構造であり、諭吉が海外渡航と世界各国の歴史を学んだことで、日本と世界の関係を、江戸幕府のアタマの古い人物たちと違った

実学による飛躍の3ステップ

STEP1　生活に必要な「基本スキル」を磨く

福沢諭吉	・書生として蘭学や洋学を学ぶ ・適塾時代の蘭学講師
レイ・クロック	・紙コップやミキサーのセールスマン ・セールスの基礎知識と経験

↓

STEP2　「次の時代に必要な分野」に近づく

福沢諭吉	・数度の海外渡航経験、オランダ語、のち英語 ・新砲術や当時、最先端の科学技術など
レイ・クロック	・マクドナルド兄弟のハンバーガー店

↓

STEP3　「新しい視点」で豊かさを発見する

福沢諭吉	・新しい学問の導入と啓発書の出版 ・慶応義塾他、多くの教育機関の創設
レイ・クロック	・店を真似ずに、店自体を「販売の対象」とした ・世界中にフランチャイズ化

視点で捉えたことに通じます。

レイ・クロックはセールスマンとしてのスキルと経験を持ち、自活という意味ですでに成功を収めていました。

しかし、それに飽き足らず、将来流行するビジネスに常に目を光らせて歩き回り、マクドナルド兄弟の店舗と出会った際には、他の誰とも違うセールスの視点で店舗を眺めて、最終的に巨万の富を生み出すことになったのです。

諭吉もクロックも、実学を通して飛躍の三ステップのすべてを満たすべく前進を続けた人物でした。

「実学と人望論」を組み合わせた諭吉の人生行路

飛躍の三ステップに『学問のすすめ』第一七編で解説されている、「物事を成すための人望論」を追加すると、実学を人生で実践するための興味深い条件がわかります。

・何事を成すにも、その分野で人から当てにされる人望が不可欠である
・あなたの想いを上手く伝える「言葉の技能を学ぶべき」である

・表情や見た目を快活にして人から好かれ、第一印象で人に嫌われないこと
・交際の分野を常に新しく広げて、世間に友人知人を増やし続けること

人望論で必要とされる要素は、飛躍の三ステップを実践していく際にも極めて有効なものであることがわかるでしょう。私たちは無数の人間が交際する世界に住むのですから、世界で多くの人と接しながら、自らの目標を達成していくことが重要になるのです。現実社会で活用できることが前提の実学は、他者との接し方も必要な要素なのです。

坂本龍馬は土佐藩の藩士でしたが、剣術を熱心に修行して藩から江戸留学の許可を得ます。江戸で蘭学や洋学、海外情報に触れ、日本と世界の情勢を理解した彼は、やがて薩長同盟の締結に尽力し、新しい日本を目指して大政奉還の立役者の一人となります。

討幕の原動力となった薩長同盟は、桂小五郎の長州藩と西郷の薩摩藩の同盟ですが、幕末の政治上、軍事衝突もした二つの有力藩をまとめることは並大抵のことではありません。

陸奥宗光に「他人を説得する能力では、右に出る者はいない」と言われた龍馬は、人望論の四つの要素を備え、飛躍の三ステップを確実に進んだ人物だったのでしょう。

優れた人と交流し「新しい視点」を得ることも実学

坂本龍馬、西郷隆盛、桂小五郎、後藤象二郎その他、幕末で綺羅星《きらぼし》のように大活躍をした人物を眺めると、大変革の時代に活躍する人物の特徴として多くの優秀な人材と交流していることが挙げられます。

龍馬を含め、彼らは基本的な実務スキルを習熟した上で、驚くほど多くの人物と交際し、日本中に同志や知人友人を増やすことで、「新しい視点」を発見しています。

優れた人に会う機会を新たにつくり続けることで、「発見力」を拡大していったのです。

『学問のすすめ』は個人の人生と日本という国家に、大きな飛躍と変革をもたらすために書かれています。

世間で物事を成し遂げるための人望を得ながら、飛躍の三ステップを進むこと。特に新しい視点を手にして飛躍を生み出すには、基本スキルを身につけた上で、多くの優れた人物と交流することが大切です。諭吉や龍馬、クロックのように他者との交流の中で「発見力」を磨くことが、まだ見ぬ真の豊かさを獲得することにつながるのです。

実学とは学問を現実に役立つものにする道具であり、実学を本当の武器として使いこなすなら、皆さんの人生を飛躍させるだけでなく、国家としての日本さえも変えることができる。

諭吉や幕末維新の志士たちの人生は、実学の真の威力を私たちに教えてくれています。

まとめ

目標達成は基本スキルを押さえた上で、段階的に行うべきである。ただし、飛躍を生み出すためには、多くの優れた人たちとの交流や新たな分野に触れて「新しい視点」を発見することが必要である。

第3章

変革期に役立つ サバイバルスキルとは？

「内」と「外」を一致させる成長エンジン

成功の本質

08

「外側に接する能力」が世界を変える

諭吉が勧める五つのスキル向上

「新しい視点」を手に入れ、個と国家を飛躍させるためには、諭吉が指摘するように、過去どっぷり浸かっていた世界観とは違う角度から物事が見える「実学」を身につけることが重要になります。

「人間の事には、内側と外側の二つがあり、両方とも努力をする必要がある。今の学者は内ばかりであり、外に対して行うべきことを知らない者が多い。これは憂慮すべきである。内なる自らの思考は深淵のごとく深く、人に接して快活なのは飛ぶ鳥のように、内なる思考の緻密さには限りがなく、外に接して活躍する広がりには限度がない。このような状態

となって初めて真の学者と呼べるのだ」（『学問のすすめ』第一二編）

内なる思考力を磨き高めながら、外の現実社会に触れて新たな視点を獲得し、広く多大な活躍することが真の「学問をする者」の姿であるならば、まずはどのようなスキルを身につければいいのでしょうか。

（以下、『学問のすすめ』第一二編より抜粋）

諭吉が勧める五つのスキル

①読書をすること
②物事を観察すること
③文章を書くこと
④人と議論、交渉すること
⑤人に自分の考えを説明すること

心に留めておきたいのは「なぜ読書をするのか？」など、その目的です。

五つのスキルは、私たちの主観ではない外側の現実を広く正確に把握するためのものです。旅をする、日本だけでなく世界を旅することも同様に重要でしょう。外国人と議論、交渉の経験を持てば、さらに広く世の中の情勢を掴むきっかけになるからです。

あなたの意見を説明することで、指摘や反論を外部から得ることもあるでしょう。それも自らの意見の合理性や整合性の確認と、他者の視点を把握するチャンスをもたらし、外的世界の情報を手に入れてあなたの世界観を広げる絶好の機会となります。

自分の目標を進化させる貴重な機会

次に「自分の外側の現実を広く正確に知る」ことは、世の中に広く存在するより高いレベルと自分自身の比較につながります。内側にこもる弊害の一つは、他者と自分を比較検討できず、目指すべき進歩の基準を高くできないことだからです。

「例えば今、若者が酒色に溺れずきちんと勉強をすれば、家族や目上の人物にも叱られず得意になるかもしれないが、これは単にだらしない若者と比較してのことにすぎない。正しい生活と勉学に励むのは人間として当然であり、褒められるほどのことでもない。（中略）古今東西広く人物を見るならば、どうしても高いレベルの人物と比較せざるを得ず、

自分には長所が一つ、相手には二つあるならば、自分の現状に満足する理由もあるまい」(『学問のすすめ』第一二編)

外側に関心を持たなければ、世の中の高いレベルを体感できません。個人も集団もこの点は同様です。だらしない未熟な学生と比較して得意げになり、低いレベルで慢心する愚かな若者と同じ立場になってはいけないのです。

変革期は「伝える力」と「交渉力」が重宝される

幕末期を見ても、変革期には単に「外部と接触する」だけではなく「外部と衝突する」事態も起こることは理解しなければなりません。

一八六三年、薩摩とイギリス艦隊が鹿児島湾で戦闘を行いましたが、戦後処理の交渉には重野《しげの》安繹《やすつぐ》などの人物が活躍し最終決着させています。長州と列強四国との戦争では戦後処理の交渉に高杉晋作が抜擢され、彦島《ひこしま》の租借要求を拒絶することに成功し、賠償金は長州ではなく江戸幕府に請求させています。

変革期、グローバル化の時代は、接触する相手が過去と異なることもあり、海外の事情を理解して、日本国内の商習慣とは別の文化を持つ相手と交渉することも増えていきます。外部との交渉で有利な条件をしっかり獲得できる能力は、当然ながら変革期には極めて高く評価されるスキルとなるのです。

外に飛び出した諭吉が日本に新たな智見を運んだ

松下村塾を生み出した吉田松陰は、黒船が日本に来航した際、日本と海外の技術力差に驚き、そのギャップを埋めるために海外密航を企てました。日本が西洋の新しい知識や技術を吸収し、西洋列強と正々堂々と対等に接することができるようになるためです。

諭吉は幕末期に、攘夷の意識が強すぎる一部の志士たちが、西洋を単純に排斥することで海外の知識や技術を学ぶことを拒否し、日本が最終的に弱体化することを強く憂いました。彼は書籍『西洋事情』で広く世界中の技術や知識、学問、他国の歴史や制度を紹介して、全国の日本人に広く海外事情や最新技術に目を開かせることに成功します。

国民に独立の気概がないことの弊害

・外国に対して、自分たちの独立を強固なものにする気概がない

・外国と競い合おうとしない
・偶然外国の事情を知る機会を得ても、研究せずただ恐れるだけ
・相手に恐怖心を抱けば、自分で何かを得ても相手に要求することができない

これは『学問のすすめ』第五編からの抜粋ですが、諭吉は国民に独立の気概がないマイナス面を述べています。突きつめれば内側にばかりこもり、外側へ接して研究する、学ぶ勇気や度胸がないことの弊害です。

これを反転させてみると、今の時代に求められることが見えてきます。

国民に独立の気概がある場合

・外国に対して、自分たちの独立を率先して強固なものにする
・外国に対しても正しい主張は行う
・偶然外国の事情を知る機会を得れば、勇気を持って研究する
・正しいことであれば、相手に堂々と要求することができる

これは国家としての日本と日本人だけではなく、個人と外側の人間関係、会社と社外の

関係、国内市場と海外市場の関係にも当てはまる構造です。会社の業績を維持し、従業員を守るためにはあえて会社の外に飛び出して、世界に触れて研究すべきなのです。

松陰は日本を堂々とした国家にするため海外を目指しました。諭吉は日本の自由独立を強固なものにするため海外に飛び出し、最新技術と多くの学問を日本に紹介しています。内を守るため逆に外に飛び出すことが重要なのは、幕末動乱期の日本も現代の私たち日本人もまったく同じことなのです。

あなたが所属する集団に「外の情報」を与えて強化する

目標とする進歩のレベルを高めていく必要性は、私たち一人ひとりの課題というだけではありません。私たちが所属する集団、組織、地域、国家としての日本でも重要な点です。

諭吉は第一二編で「智見」を集めること、交換すること、散ずる（広める）ことの重要性も説いています。智見とは「物事に対する正しい認識」という意味です。

（以下、『学問のすすめ』第一二編より抜粋）

智見の三ステップ

第1ステップ　視察、推論、読書によって智見を「集める」
第2ステップ　会話、交渉によって智見を「交換する」
第3ステップ　著書、演説によって智見を「広める」

智見を広める活動は、自分だけではなく所属するコミュニティ（集団）全体にも極めて大切です。皆さんが新しい情報、広い情勢、変化しつつある外部の現実を「集めて」、その智見を現実の中で他者と「交換し」磨くこと。その知見を多くの人に伝え「広める」ことで、外部の正しい情報を得た人たちは、適切な問題意識を抱き、解決に必要な高いレベルの目標を新たに設定し始めるからです。

企業内でビジネスマンができること

・あなた自身が最新情報を学び、世界を広く深く観察する機会を得ること
・会社の中で新しい技術研修を行うこと
・社会情勢や海外市場の学習をする機会と場をつくること
・最新情報を知る専門家に講演会を依頼すること
・新しい業界情報を研究学習しながら、社内ネットワークで仲間に広めていくこと

所属する集団の構成者の「物事への正しい認識」を高めることは、集団を活性化させることになり、危機対応力を向上させて望ましい将来をつくる可能性を向上させるのです。同じ職場の上司同僚が外的環境を正確に理解し、一人でも将来に危機感を持って働くようになれば、比例して会社の未来の業績にプラスの効果を発揮します。あなたの会社の社員全員が智見を「集める」「交換する」「広める」仕組みを採用すれば、成果は計り知れません。

自分と関係する環境の他者の目を見開かせることは、小さくは家庭を救い、生活の糧を得る職場を活性化して、広くはこの日本を救うことでもあります。「他者の智見を高めて現実を広く理解させる行為」は、変革期に極めて重要なスキルであることがおわかりいただけると思います。

まとめ

変革期には自分の外側に接する能力、自分の外側を理解し学習する能力が極めて重要になり、集団を変革できる人ほど高く評価される。

成功の本質

09 個人の「ガラパゴス化」と「鎖国」を避ける

「精神と実行」のバランスに注意する

変化の多い時期は人生の選び方が難しい時代でもあります。サバイバル時代は社会と自分の関係性を誤解せず、仕事や日々の生活に「精神と実行」のバランスが求められます。

諭吉は「精神ばかりが高尚で、実行が伴わない者」は常に不満を持たざるを得ないと指摘します。既存の成功パターンが通じない変革の時代は、頭でっかちの評論家のような人物が増える傾向がありますが、実行が伴わない弊害も諭吉は正確に見抜いています。

「高い自己評価にその実力が伴わない人物は、就ける仕事はすべて自分には合わないレベルの低いものに見えてしまい、本人のレベルに合った仕事に就くことを好まない。しかしながら、自分の理想に叶うような仕事に就くには実力が足りない。また、この状態の原因を自分ではなく『時代に合わなかった』『めぐり合わせが悪い』など、すぐに他の責任にしてしまう」(『学問のすすめ』第一六編)

結果として口には恨みごと、顔には不満、自分以外の世間はみんな敵で不親切な人間だと思い込む。根拠もなく自分は不当に扱われていると感じ、まるで人に金を貸した事実がないのに、返済が遅いといって恨みを抱くようなものだと諭吉は述べています。

(以下、第一六編より抜粋)

このような人物が他人に嫌われる理由

・働きが足りないくせに自分の心のレベルで見て、秘かに他人を軽蔑する
・やたら人を軽蔑する者は、必ず他人から軽蔑されて世間の仲間入りができなくなる
・傲慢不遜な態度で、他人に勝つことばかり考えて嫌われる
・相手にばかり多くを求め、いつも人を批判することで嫌われる
・他人と自分を比較する基準が間違っているのに、他人を蔑視して孤立する

極めて辛辣な批評ですが、まさに実行が伴わない人物の現実をズバリと言い当てていると感じないでしょうか。いたずらに他人を低く見て軽蔑したり、逆に周囲や世間から軽蔑されて孤立したりすることを避けたいなら、心に対し実行が伴わない困った人間にならないことです。

「世間にはこの類の不平家が大変多い」

諭吉は『学問のすすめ』の中で、このような不平家が大変多くなっていると指摘しています。もちろん、諭吉が指摘したのは現代ではなく明治維新直後の一八七〇年代ですが、現代日本こそ諭吉が指摘した「困った人たち」があふれているように感じます。

バッサリと批判されている「精神は高尚だが、自分の実行が伴わずに勘違いして不平ばかり持つ者」は今の日本でも増殖しており、まるで平成の日本社会を風刺したかのような指摘が、諭吉の描写には見られます。

「もしこれらの人をその働きに合うところで勤めさせれば、自然に仕事をする喜びを覚えて進歩し、最後には精神と働きのバランスが取れる状態になるはずだが、これに気づかず、働きのレベルが一なのに心のプライドは一〇、一なのに一〇を望み、一〇のレベルで一〇〇を望んでいたずらに憂いているのである」（『学問のすすめ』第一六編）

カッコ悪いことこの上ないですが、この残念な指摘が当てはまる現代人は多いと思われます。変化の時代に「心だけ高尚で実行が伴わない」ならば、社会の潮流から外れてしまい、高尚な精神で他者のみを批判し続けて、人間関係でも寂しく孤立しかねません。

思い上がるのではなく「成長」すべき

米GE（ゼネラル・エレクトリック）で最年少マネジャーに就任、一九八一年に会長兼CEOとなったジャック・ウェルチは、同社を時価総額世界ナンバーワン企業に育て「二十世紀最高の経営者」と呼ばれた人物です。

ウェルチは世界的なベストセラー『ウィニング 勝利の経営』（日本経済新聞出版社）でも有名ですが、書籍を元に世界各国で講演をしており、講演録をまとめた『ジャック・ウェルチの「私なら、こうする！」』（日本経済新聞出版社）で、組織の中での個人の精神状態や思考と、出世の関係などにも回答しています。

彼は能力があるはずなのに認められない人物が抱く「私以外はみなアホ」という考え方は大変危険で、キャリアをダメする上に単純に正しくない考え方だと指摘します。世界のビジネスシーンで日々成功者が存在し、企業も大きな業績を叩き出す事例に事欠かないからです。

その上で彼は、二つのアドバイスをします。一つは、優れた人を見つけられないのは単純にあなたの心の姿勢であり、自分以外に成功している人へ特に心を広く持つこと。二つ目は他者に対して思い上がるのではなく「自ら成長すること」に意識を集中すること。

この問題への諭吉のアドバイスは「他人の仕事を見て物足りない、レベルが低いと思うなら」実際にあなた自身がその仕事を引き受けてやってみよ、というものです。

商売でも個人の生活管理でも、自分がダメだと思う他人の姿を超えるように、自身がまず取り組んでみる。他人の本を批判したいなら、自分で筆をとって書いてみろと述べています。そうすれば、他者を評価する基準を正しく調整することが可能になるからです。

ウェルチも諭吉も、結論として「周囲を間違った形で蔑視する」人物は必ず社会で孤立し、出世もできなければ仲間も友人もできず、こんなはずではなかったという惨めな人生を送ることになると諭しています。
そのような悲劇を避けるため「精神と実際の働き」を一致させ、他者や周囲へ思い上がるのではなく「自分の成長」を常に目指すべきなのです。

周囲が扱いに困る人間では、救いの手は差し伸べられない

「『言行に齟齬がある』とは議論と実行が一致していないことを指しており、『功に食《は》ましめて志に食ましめず』とは、実際の仕事の成果で対価を支払うべきで、その心に何を考えていても、形のない単なる心の動きを賞賛できないという意味である」（『学問のすすめ』第一六編）

現代人は精神の高尚さに比較して、行動量があまりにも少ない傾向があると感じます。ＩＴの進化により、イスに座りながらあらゆる情報に接し、議論や意見の発信ができることも拍車をかけているのでしょう。

しかし、世間や他人を評価する基準が自分本位に傾き過ぎると、自らの働きが相当に不足していながら他者を軽蔑して、結果的に社会や周囲からも評価されなくなります。

そのような人物は他人を蔑視することで人から遠ざかり、逆に他人から避けられて孤独で苦しい状態に陥ります。周囲が扱いに困る人間には、救いの手はなかなか差し伸べられないことは覚えておくべきでしょう。

まとめ

自分の考えるレベル（心のプライド）よりも、現実の実力や働きが不足している人は、精神ばかり高尚で他人を蔑視して嫌われる。批評ではなく、行動と自己の成長に集中すべきである。

成功の本質

10 新しい時代の「出島」「蘭学書」「私塾」へ向かう

変革期に要求される「発見と実行」というスキル

ＮＴＴドコモにおいて「ｉモード」や「おサイフケータイ」を開発したことで知られ、現在は株式会社ドワンゴの取締役である夏野剛氏は、『なぜ大企業が突然つぶれるのか』（ＰＨＰビジネス新書）で、「ロジカル・シンキング」（論理的思考法）や「クリティカル・シンキング」（批判的思考）は、現状を打破するアイデアを生み出すためには、あまり役に立たないと指摘しています。なぜならこれらは単なる「考えの整理」でしかないからです。

「人の見識品行は、微妙で難しい理屈を議論するだけで高尚になるわけではない。禅僧に悟りの道などがあると言われるが理論は極めて精妙であっても、その僧のありさまを見れ

ば現実離れしていて役に立たず、実社会では漠然としすぎていて見識があるとは言えない」（『学問のすすめ』第一二編）

どれほど難しく高度な議論でも、現実の世の中で効果や成果を発揮しないものは、変革期に役立つスキルとは言えません。

第二章で実学の反対の学問を意味する「虚学」という言葉を使いましたが、変革期には過去通用したスキルも価値を失っていることがあるのです。逆に言えば、変革期に求められるスキルは具体的かつ実社会で今、役に立つことが必須だということになります。

新たな時代への付加価値を生み出す場所

日本史の授業で習う「長崎の出島」は、鎖国政策の幕府が唯一外国との交易を認めた特別地区でした。幕府が植民地政策の一環と懸念してキリスト教の布教を禁止したことでポルトガルは追放され、最終的にオランダのみが商館で交易を続けます。

約二〇〇年間、長崎の出島は唯一外国と日本が接する特別な土地となり、外国人から日本人がさまざまな新技術や知識を吸収する機会も生み出しました。

有名な例として、オランダ語の医学書を翻訳した杉田玄白、医師シーボルトが長崎の出島で開いた「鳴滝塾」と、そこで学んだ高野長英などがあります。高野長英はのちに尚歯会という知識人サロンを開き、お台場の砲台を建造した江川英龍なども参加する今で言うシンクタンク集団を結成しました（幕末期の偉人には不思議なつながりがあります）。

出島は、新しい実用の学問や技術を習得できる場所だったのです。新技術のキャッチアップや未知の知識を発見する機会（場所）として機能したことで、幕末には志の高い若者がこぞって出島への遊学をしています。

当時、最先端の砲術に触れて研究心に火がついた人物

高島流砲術を創始した高島秋帆《しゅうはん》は、長崎で生まれ西洋砲術と日本の砲術の技術格差に愕然としたことから研究を開始しており、彼の研究は幕末の海防対策の一つとして多くの日本人を惹きつけ、全国に広く伝播していきます。

高島が衝撃を受けるためには、出島という存在が恐らく不可欠でした。広く西洋と比較をする形での、極めて冷徹な現実と直面する機会が彼の奮起を促したのですから。

「例えば今、若者が酒色に溺れずきちんと勉強をすれば、家族や目上の人物にも叱られず得意になるかもしれないが、これは単にだらしない若者と比較してのことにすぎない。古今東西広く人物を見るならば、どうしても高いレベルの人物と比較せざるを得ず、自分には長所が一つ、相手には二つあるならば、自分の現状に満足する理由もあるまい」（『学問のすすめ』第一二編より抜粋）

右記はすでにご紹介した引用ですが、広く外部と接することで目指す目標のレベルを進化させた事例と言えます。長崎の出島がなく、狭い日本のみで砲術を比較検討すれば、起こりえなかった進歩です。高島秋帆の新砲術は、日本を救う重要な技術の一つとなりました。

文明の風穴を開ける実学から新たな視点を得た者が躍進した

出島では、最初は日本人側の通訳者（通詞）によりオランダの技術や知識の研究が始まり、一七〇〇年代には地理、科学など、さまざまな分野の蘭学書が翻訳され、実益を重んじた知識として一部の藩主にも蘭学ブームが起こっています（世界地図の翻訳版もありました）。

諭吉の自伝でも、大坂の適塾（緒方洪庵の私塾）に学んだころは、貴重な蘭学書を必死で仲間と共に写本して、さまざまな書を夢中で読み漁ったと書かれています。

あるとき、たまには枕をして寝ようかと思ったが、実は塾に入ってからこれまで、枕で寝た経験がない（机で勉強したのちそのまま寝入っていた）ことを思い出して苦笑した、と述べています。彼らは若い時代、ほとんどの時間を蘭学書の勉学に注ぎ込んだのです。

書籍は、現代でも私たちがさまざまな知識を学び吸収するために必須の存在です。しかし当時の日本の若者たちは、「一身を懸けた学問」「日本を変革するための必須知識」として蘭学書の読解と理解に、自らの人生を賭ける強烈な覚悟で取り組んだことがうかがえます。

彼らは「洋学」を通じて新しい視点を身につけ、これまでと違った角度から日本社会と世界を眺めます。単に珍しい最新の書籍を読む行為に価値があったのではなく、新しい視点から世界を眺めたことで、日本で未開拓だった新しい豊かさを発見する眼力を身に付けたことが、彼らの飛躍を生み出したのです。

日本に革命を起こす契機となった多くの私塾

「（塾は）すでに改革者の名があり、社会に一定の地位を得ている。世間の人たちにも私たちを目標とする者がいる。ならば、人に先だって事を成すのは、私たちの使命と言うべきだ」（『学問のすすめ』第四編）

海外事情をさまざまなルートから習得した日本人の中で、優れた研究者、学者、思想家などが塾を開いていましたが、私塾は広く明治維新の萌芽を広げる拠点となりました。

幕末の有名な私塾

「適塾」緒方洪庵が開いた塾（大村益次郎、福沢諭吉などが学ぶ）
「江川塾」江川英龍が開いた塾（佐久間象山、桂小五郎などが学ぶ）
「松下村塾」吉田松陰が開いた塾（高杉晋作、伊藤博文、山縣有朋などが学ぶ）

先に学んだ優れた者が、志のある若者を教え導いてさらに広い輪を生み出していく。

世間への手本となった「私塾」で一つ重要な点として、同じ「学問」に志す多くの人との出会いや議論が、そこで学ぶ若者の思考をさらに洗練させたことです。『学問のすすめ』第一二編の「智見を集める」「交換する」「広める」という三段階を正確に実現した存在が私塾なのでしょう。

飛び抜けて優れた人物の集めた智見を、議論で交換し、資質の高い若者たちの目を見開かせて広める、幕末日本の革新にとって極めて良い循環がそこには存在していたのです。

あなたは「出島」「私塾」「蘭学書」を持っているか？

幕末の志士たちを育て、日本人が自らの手で社会改革を成し遂げた背景にはいくつもの要因があったと推測されますが、三つのルートは極めて重要な役割を果たしています。

①新技術を習得し、比較の範囲を広げて目標を高く進化させる「出島」
②新たな視点を獲得して、豊かさの発見力を拡大する「蘭学書」
③飛びぬけて優れた人物に指導を受けて同志と出会う「私塾」

この三つのルートは、現在の私たちの日常にも常に存在しています。

ビジネスシーンでは、アップルの創業者で伝説的な人物のスティーブ・ジョブズが、一九七九年にゼロックスのパロアルト研究所を見学したことも構造的に似ています。

当時最先端のパロアルト研究所で、マウスによるインターフェイスの技術を目撃したジョブズは衝撃を受け、一九八四年に「マッキントッシュ」を発売し大成功を収めます。

ユニクロの会長として有名な柳井正氏は、数店舗しかなかった時期に香港へ視察旅行に行き、有名ブランド衣料品のＯＥＭ生産をしている香港人経営者と知り合い、さらにアメリカで当時流行を始めたＧＡＰ（製造小売業のはしり）の店舗を見て、現在のユニクロのビジネスモデルを思いついています。

「出島」「蘭学書」「私塾」の三つの特徴を分析すると、新しいチャンスはある種の強いギャップ（差異）との接触から始まるものだと理解できます。「出島」「蘭学書」「私塾」はすべて、幕末期に極めて効果的に〝ギャップを発見、体験できる〟機会だったからです。

現代日本でも優れた知識人が、私たちに対して「出島」「蘭学書」「私塾」と同様の役割を果たしているケースもあるでしょう。最新技術や知識、思想の面で日本と世界にギャップを見抜き、それに追いつけるような貴重な機会を提供している人は常に存在しています。

二十一世紀の現在にも、私たち日本人の「出島」「蘭学書」「私塾」は確実に必要です。私たちはそれを探す努力をしているでしょうか？

高い志を胸に秘めた幕末の志士たち、諭吉はいずれもあらゆる機会を見つけて、自らが問題と考えるものに挑み、それを解決できる「学問」を求めました。彼らは砂漠でオアシスを求めるかのように「学問」を全身全霊で渇望し、自らの人生で日本という国家の国難に取り組み、新たな飛躍に変えてみせたのです。

まとめ

最新の情報に触れる「出島」、優れた仲間と出会い、多様な意見に触れる「私塾」、社会を変える新しい視点を取り入れる「蘭学書」。難しい時代にあなた自身が飛躍をするために、この三つの要素を日々に取り入れることが重要である。

成功の本質

11 学問で理想と現実のギャップを埋める

人は案外と愚かで、多くを成し遂げず人生を終える

諭吉は多数の偉業を成した時代を代表する啓蒙思想家、教育家、起業家、実業家でした。『起業家福沢諭吉の生涯』（玉置紀夫著／有斐閣）では、大隈重信への書簡の中で諭吉が日本の通貨紙幣の発行を進言しており、後年の日本銀行による通貨発行につながったとしています。

諭吉は三菱の岩崎弥太郎・弥之助兄弟の顧問も務め、また三井銀行理事に就任した（福沢の）甥の中上川彦次郎を通じて、三井の近代企業化へのアドバイスもしています。

教育家・啓蒙思想家として功績も多岐にわたり、日本に与えた影響は巨大なものでした。

諭吉は『学問のすすめ』第一四編で、人が世の中を渡っていく様子を見ると、人間は自

分で思うより案外愚かであり、自分が思っているほど多くを成し遂げずに終わると大変辛口の指摘をしています。

「人が世間を渡る姿を見ていると、自分が思うよりも悪いことをして、案外に愚かであり、求めていたより少ない実績しか出すことができない。自分にできると思って引き受けたことも、予想外の失策をして当初の目的を達成できず、世間に笑われて後悔することさえある。傍から見れば抱腹絶倒の愚かさも、本人を見るとそこまで愚か者ではなく、事情を聞くともっともだと納得する理由もある」（『学問のすすめ』第一四編より抜粋）

私たちは人生で望むことを、できるだけ多く成し遂げたいと願います。しかし、人は案外愚かであり、多くを成すこともできず時間を浪費してしまうならば、ぜひともその対策を学びたいものでしょう。

人生の飛躍を妨げる「五つのズレ」

人生を思う通りに生きていない人には、五つのギャップ（ズレ）があり、そのギャップ

を「観察」と「推理」で正しく埋めるべきだと諭吉は説きます。（以下、『学問のすすめ』第一四編より抜粋）

①物事の難易度と、実行に必要な時間を計算しない

大工や仕立て屋に仕事を依頼して、期限に遅れるのは必要時間を精密に比較しなかったからである。学生が「三年で見事に学問を修めてみせる」と誓いながら、その約束を守れたか。「一生のうちに」「一〇年の間に」と言う人で実際それを成し遂げる人が極めて稀なのは、計画は立派でも時間を計算しない事業は実現しないからである。

②自分の行動の成否、予想と現実の差を確認していない

生まれてから今まで、あるいは過去数年の間、もしくは今日一日の間にも自分が望んで果たせたこと、失敗したことの損得・プラスマイナスを確認してみたことがあるか。理想と現実のズレを確認しない者は、生涯その差を埋めることなく終わる。

③新しい発想を受け入れず、時代遅れの価値観にしがみつく

古い書物や時代遅れの価値観に固執して、日々進歩する最新技術や新たな発想に目を向けない人がいる。その姿は、まるで過ぎ去った夏の暑さを忘れず、冬の初めに蚊帳《かや》を買い込むようなもの。時代感覚のズレは人生に無駄ばかり生み出してしまう。

④小さな目標で妥協して、自分の大きな成長を止めていないか

若い学生が、学問も未熟なままで小役人になることを望み、一生その小さな地位でうろうろするのは、仕立て途中の服を質に入れて流してしまうようなものである。完成するまで待てば大きな成果になったのに、早く諦めたことですべてを失ったのだ。

⑤他人には立派なことを指摘しながら、自分の人生を管理していない

さまざまな書籍を読んでも、日本や世界の情勢を知らず、自身の日々の生活にさえ苦しむ人は他人への言葉ばかり立派で、自分のことを管理できていないというズレがある。このような人物も自らのギャップを計算しない限り、一生涯をそのままで終えてしまう。

耳に痛い忠告ですが、セルフマネジメントとして五つのギャップを計算しなければ、私たちは人生の軌道修正をするチャンスさえ持てません。

諭吉は心の中の「棚卸」をできるだけ頻繁に、定期的に行うよう助言しますが、理想と

現実のズレの計算は、自己実現の多い豊かな生涯をつくり出す、人生の大きな武器となるのです。

過去を「観察」して、管理すべきギャップを「推理」する

自分が期待するほどテストの成績が良くない、思ったほど良い大学に入れなかった。現在の職場で希望するほど能力を認めてもらえない。絶対に結婚していると思った年齢になっても、デート相手の異性さえ見つけることができない……。

振り返ると実は私たちの人生には、膨大なズレが生じており愕然とすることがあります。

では、このズレをしっかり確認したあと、一体どう対処すべきなのか。

『学問のすすめ』第一二編では、学問とは難しい書物などではなく、精神の働きそのものだと述べています。また精神の働きを高める主要な要素として、次の二つを挙げています。

①物事を「観察する」能力＝observation
②物事の「道理を推理する」能力＝reasoning

二つの能力を高めることで、理想と現実のギャップを正確に測ること。ギャップが生まれる構造を推理する、そして推理から必要な解決策を探し当てることが重要になります。

ギャップを見つける能力を磨くことは、私たち自身がより充実して豊かな人生を過ごすための大切な起点です。学問が究極的には「観察」と「推理」という精神の二つの働きならば、理想と現実の差を埋める能力こそ、学問によって一番に養われるべきものなのです。

諭吉からの痛烈な反論

これまでの指摘に「なんだ当たり前のことではないか」と感じる方もいるでしょう。しかし諭吉は、「知識として知っていることと実現できていることが違う」状態は往々にしてあり、ほとんどの人たちは自分の心と現実のズレを生まれてから一度も確認しない。だからこそ案外に愚かであり、達成も意外に少ないのだと痛烈な反論をしています。

「これらの失敗は今の世の中に珍しいものではない。原因は流れのままに人生を生きて、自分のありさまを反省したことがなく、生まれてから今まで自分は何を成し遂げたか、今は何を行えているか、今後行うべきことは何かを自分自身で点検していないことからくる失敗である。(中略)自分の現状を明確にし今後の方針を立てるのは、知恵の棚卸、徳の棚卸、仕事の棚卸なのである」(『学問のすすめ』第一四編)

「失敗している人が世の中では珍しくない」と諭吉は指摘しますが、私たちが同じ失敗をする必要はもちろんありません。

多くの分野であなたの理想と現実のギャップを比較すれば、最初は想いと現実が大きくズレており悲観したくなるかもしれませんが、ほとんどの人はギャップの確認をしていないのですから、軌道修正のチャンスを定期的に持つあなたは、他の人たちに比べてはるかに充実した人生を実現する、優位な立場を手に入れたことになるのです。

まとめ

人生における理想と現実のギャップを埋めるために、本来学問は存在している。多くを成し遂げる人生を目指すなら、五つのズレとあなた自身を比較して、解決策を見つけることが重要である。

第4章

グローバル時代の人生戦略とは？

21世紀の幕末維新の歩き方

成功の本質

12 新しい視点の「活用」が価値を生む

大学者を目指し、大農家を目指し、大商人を目指せ

「最近、学業半ばで早くも生計の道を探す者がいると聞いた。生計を立てることは、もちろん軽んじるべきではなく、人の才能には長短があるので将来の方向を決めるのはいいことである。しかし、生計ばかりに注意を奪われると、才能のあふれた若者が未熟のまま可能性を開花させず終わる恐れもある。これは本人のためにも日本のためにも悲しむべきことだ」（『学問のすすめ』第一〇編）

諭吉は右記の言葉のあとに、早くお金を得ることで小さな安定に満足するより、倹約しながら努力し、大成の時を待つほうがいいと言っており、学者なら大学者、農家なら大農

家、商人なら大商人になるべきだと述べています。
なんともスケールの大きな話ですが、どうすればその大商人になれるのでしょうか。ここでは幕末明治と現代における数名の成功者の人生を対比させることで、大きな飛躍をした人物の隠れた共通点を探ってみます。

一五歳の少年を変えた『学問のすすめ』の威力

松永安左エ門は書籍『人間 福澤諭吉』（実業之日本社）を書いた人物ですが、九州の離島である壱岐島（長崎県）で一八七五年に生まれました。地元で複数の事業を営む庄屋の家に生まれたわんぱくのガキ大将は、親戚一同から家業を継ぐ少年だと思われていましたが、一五歳で『学問のすすめ』を読み、家人の大反対を乗り越えて上京し慶應義塾に入学します。

諭吉に薫陶を受けたあと、日本銀行に入社してすぐ退社。諭吉の女婿《むすめむこ》である福沢桃介と会社を立ち上げ、石炭相場で大儲けをしますが、日露戦争後の株価暴落で破綻。大阪の下町での隠遁生活後、実業界に復帰。電力会社の民間活力による発展を掲げて奔走するも、軍による「電力国有化」により引退（一九四二年）。埼玉県の所沢でしばらく隠棲生活を送ります。

面白いのは、日本が終戦を迎えた日の松永のエピソードです。

「たまたま訪れていた新聞記者の前で、松永は縁側にすっくと立ち、『さあ、これからは、この私がアメリカと戦争をする番だ』とうそぶいた。『いまに太平洋側に工場群を並べ、一家に一台車を持てるようにしてやる』とも言った。東京を始め、大都会は一面の焼け野原。（中略）新聞記者は、『この人は気が狂ったのではないか』と顔を見上げたほどだったと後に記している」（『人間 福澤諭吉』より）

安永は戦後、民間九電力体制による競争力の活性化を計画し、特殊法人の日本発送電会社解体では、議会から反対されるも見事ＧＨＱの後押しを取り付けて分割民営化に成功。海外を含め最新の電力技術を導入し、「電力の鬼」と呼ばれます。師である諭吉を描いた『人間 福澤諭吉』は九〇歳での著作。九七歳で永眠。日本の電力を世界最高峰のレベルに押し上げる基礎をつくった人物とまで言われています。

個人の自主自立を達成し、民間の活力で日本国に寄与する日本人となるべしとした『学問のすすめ』の描く道筋を、見事な形で実現した人生は、師である諭吉の偉大さと書籍『学問のすすめ』の効果効用を教えてくれる格好の事例と言えるでしょう。

漁村生まれの少年が遣米使節団のリーダーに

ジョン万次郎という人物をご存じの方も多いと思いますが、彼は一八二七年土佐（現在の高知県）の漁村で生まれました。一四歳のとき、仲間四人と漁に出て遭難、アメリカの捕鯨船に救助されます。

当時鎖国政策を行っていた日本にアメリカ船は近づけず、ハワイに移送されますが、船長のホイットフィールドに気に入られた若い万次郎は、船長と共にアメリカ本土に渡ります（仲間四人はハワイに残りました）。

万次郎は船長により、本土で学校に通わせてもらい、英語、数学、測量、航海術、造船技術などを熱心に学びます。捕鯨船に勤務したのち一八五一年に日本帰国。

薩摩藩、幕府奉行所で数か月間の取り調べを受けたあと、土佐藩に士分として取り立てられ、藩校の教授となります。一八五三年、ペリーの来航により江戸幕府に招聘されて直参の旗本になり、造船、航海術、測量術などを江戸で指導。米国との条約締結でも活躍。

一八六〇年、咸臨丸で日本の公式使節団がアメリカに向かうときに同乗し、船に弱い勝海舟の代わりに船内を管理。アメリカでは諭吉と共同でウェブスターの英語辞書を購入して日本に持ち帰っています。

漁村の少年は日本の国家を代表する使節員となり、日本が海外事情を知る極めて貴重な仲介者となりました。万次郎の仲間四人のうち、ハワイから日本に戻ったのは二名。鎖国令を恐れてハワイに残った仲間は、万次郎の話す本土で見聞した技術や知識を理解できず、日本に帰国した二名も身分は変わらず、半ば監視されながら静かな余生を送りました。

極貧の家庭で育ったスティーブ・ジョブズの生涯

二〇一一年一〇月、アップルの創業者である伝説の起業家、スティーブ・ジョブズ氏が亡くなりました。同氏はアップルを時価総額世界一に押し上げ、同社製品は世界中で熱烈な愛好家を持ち、私たち現代人のライフスタイルを変えた人物の一人です。

彼は生まれた直後からポール・ジョブズ、クララ・ジョブズ夫妻に引き取られ育てられました。小学生のとき、学校の教師から「宇宙の謎はどんなことか？」と質問を受けた際、ジョブズ少年は「自分の家が、なぜこれほど貧乏なのかわからないこと」、と答えたほど豊かさとは遠い幼少期を過ごします。

ジョブズがコンピューターと出会ったのは一二歳のころ、ヒューレット・パッカードのエンジニアだったラリー・ラングと出会ってからです。高校時代はゲーム会社のアタリでアルバイトをしながらコンピューターに触れる生活を続け、アップル創業者の一人となるスティーブ・ウォズニアックとも運命の邂逅をします。

ジョブズは生涯で約六〇〇〇億円とも言われる資産をつくり、世界中の人々の生活に未来をもたらす真に偉大な足跡を世界に残しました。

にぎやかで変化の多い諭吉の人生

「回顧すれば六〇数年、人生往事を思えばまるで夢のようとはいつも聞くことであるが、私の夢は至極変化の多いにぎやかな夢でした。旧小藩の小士族、窮屈な小さい箱につめ込まれて、藩政の楊枝を持って重箱の隅をほじくるその楊枝の先にかかった少年が、ヒョイと外に飛び出して故郷を見捨てたのみか、生来教育された漢学の教えをなげうって西洋の学問を学び、以前とは違う本を読み、以前とは違う人と交際し、自由自在に動きまわりながら二度も三度も外国を行き来するなかで、段々と考えを広げていき、旧藩どころか日本が狭く見えるようになってきたのは、なんともにぎやかで大きな変化ではあるまいか」（岩波文庫版『福翁自伝』をもとに著者が現代語訳）

諭吉の生涯はまさににぎやかで変化が多く、振り返れば多くの夢を成し遂げた豊かな人生だったのでしょう。引用した文章は彼の大きな充実感と深い感慨を伝えています。

現実社会で、劇的な差が生まれる構造を理解する

ご紹介した人物は、いずれも人生において相当の飛躍を成し遂げています。初編が指摘したように、生まれたときとは雲泥の差でスケールの大きな人生をつくり上げました。ジョン万次郎にいたっては、本人がもともと望んだわけでもなく漁村の少年が国家を代表する使節団員となり、日本の海外視察などで大役を務める要人にまで上りつめています。

一つ重要な共通点は、スキルよりもむしろ獲得した「新たな視点」を活かすことによって彼らが大成功を収めたことでしょう。

実学① 日常生活に役立ち、自分の付加価値を高めるスキル

実学② 社会をより深く「新しい視点」で理解できるもの

では、なぜ「①実務スキル」よりも「②新たな視点」が重要だとわかるのか。彼らと同じスキルを持ち、実際には何ら成功を収めなかった人たちから見えてきます。

電力の鬼、松永には特殊なスキルというよりも戦後「アメリカと自分が戦って電力供給で日本を復活させる」という、新聞記者が「頭がおかしくなったのでは」と思う「新たな視点」がありました。

万次郎と一緒に米国本土へ行かず、ハワイに残ってのちに日本に帰国した二名の仲間を思い出して下さい。彼らは英語を話せましたが、万次郎が観て学んだ最新の世界観と技術を持たず、当時驚くべき体験を積んだにもかかわらず一切重用されませんでした。

一九七〇年代にコンピューターを学んだアメリカの少年は、ジョブズだけではありません。ラリー・ラングは複数の子供たちにコンピューターを紹介していますし、その他にも当時、最新の機器に触れる機会を得た子供たち、少年たちはたくさんいたはずです。

諭吉も同じです。当時、洋学を学んでいたのは諭吉だけではありません。最新の洋学を学ぶことができる私塾では、同時代の日本人たちが懸命に苦学していました。

しかし、諭吉が到達した「日本を近代化へ啓蒙する新たな視点」は、彼独自のものであり、当時洋学の先駆者として名を馳せた人物でさえ、二十一世紀の現代では誰も思い出すことすらできないのに、諭吉の名声は一四〇年輝き続け、不動の評価を得ています。

彼らは新しい視点を獲得し、世界的にも社会的にも新たなチャンスを見抜いて圧倒的な飛躍をしたのです。スキルは新しい視点を得る道具や呼び水になった可能性はありますが、スキル（技術）自体によって彼らが飛躍したとは思えません。

ジョブズは一〇代からウォズニアックにコンピューター技術を補ってもらいますし、のちの重要プロジェクトでも、優秀な技術者を引き抜いて製品開発をしているくらいです。

スキルを武器とするか「新たな視点」を武器とするかの違いは極めて大きいのです。

私たちは「学習」という活動を考える際に、ややもすれば技術的な習得や理論を学ぶことに比重を置きがちですが、特に大きく飛躍している人物を見渡すと、むしろスキルとしての価値ではなく、学習を通して得た「新しい視点の活用」こそが重要なのです。

まとめ

現実社会での劇的な飛躍は、スキルの習得よりは「価値を生む新しい視点」の獲得で生まれている。大きな飛躍を目指すためには、スキルのみではなく、新たな視点をつかみ活用することがポイントになる。

成功の本質

13

予期せぬ不運を逆発想で飛躍に結びつける

予期せぬ出来事が起きたら、あなたはどう対処するか?

転換期とは、予期せぬ出来事が起きる時代でもあります。誰に紹介しても恥ずかしくないほどの一流名門企業でも、世界的な風向きの変化で倒産することさえあるのですから。安泰だと思われた道が、急に途切れてしまったら? 一生続くと思ったルートが、ある日行き止まりになったら? 戦後時代の終わりと言われる日本では、経済情勢や社会制度が大きく変化しており、世界経済もヨーロッパやアメリカ、新興国で成長率が大きく変動しています。

「常識」だと固く信じていたことが崩れても、ショックで呆然と立ち尽くすわけにはいきません。予期せぬ出来事を乗り越える能力こそが求められているのです。

「さらにひどい者になると、信じるに足る新しいことを見つける前に、古い習慣や思想を捨ててしまい、まるで心身がカラッポになってしまい精神不安定になり、ついには発狂する者も出てくる。憐れなものである」（『学問のすすめ』第一五編）

今まで信じていたものが崩れたとき、私たちはすぐ新しい何かにすがりたいと考える傾向があります。右の言葉は幕末に西洋化が急速に進んだころの様子ですが、価値観が大転換してショックを受けて、何も信じることができないとき、安易に新たな他者にすがるのではなく、まず自分自身に立ち返ることで変化を乗り越える準備を始めるべきでしょう。

革命児、諭吉の真骨頂「不運に邪魔されたときの飛躍法」

若きころ、長崎で蘭学者の山本重知に学んでいたとき、諭吉があまりに学問の熟達が早く、師である山本家にさらに重宝されたことで、同じ師に学ぶ中津藩の上士の息子、奥平十字は身分の低い諭吉をねたむ気持ちを持ち始めます。

八歳年上の十字は、師に可愛がられる諭吉を見て、父の奥平与兵衛定次に、諭吉を中津に呼び戻すように秘かに依頼。家老の与兵衛定次は激怒して、諭吉の親族に「とりあえず母親が病気だとでも言って諭吉を呼び返せ！　十字の学問の邪魔になる」と命じます。

武士の封建社会では、家老の命令は絶対です。しかし諭吉の親族もさるもの、二通の手紙を書き、一通は家老の命令通り「母が病気なので帰郷せよ」と伝えて、もう一通は「先ほどの手紙はご家老の命令で書いた。母は無事なので安心せよ」と知らせたのです。

手紙を読んだ諭吉は、卑怯なウソを弄する奥平父子に激しい怒りを抱きますが、一計を案じ彼らの裏をかきます。騙されたふりをして長崎を離れ、蘭学がさらに進んでいる江戸に留学する計画を立てて実行したのです。

結局、江戸に行く途中で大坂の適塾で学ぶことになりますが、家老父子の卑劣な計略の前にウジウジ悩まず、学問をあきらめるでもなく、騙されたふりをして最新の学問が学べる江戸を目指して即座に飛び出す姿は、革命児諭吉の知恵と豪快さが垣間見える逸話です。

現代にたとえれば、日本国内の一流大学への入学を誰かに邪魔され、海外のハーバード大学やオックスフォード大学への進学を目指すイメージです。あるいは日本企業で職を失ったことで、海外のさらに優良企業へさっと転職をするようなものでしょう。

リー・アイアコッカは、米自動車メーカーのクライスラーで社長を務めた人物で「アメリカ産業界の英雄」とまで言われた業績を上げました。もともとライバル会社のフォードで社長を務め、大ヒット作「マスタング」を手掛けて名を馳せます。

しかし、会長であり創業者一族であるフォード二世に嫌われて「別に理由はない。俺はお前が好きでなくなっただけだ」の一言で、過去最高の売上実績を達成した直後にフォードを解雇されました。

しかし一か月後、クライスラーに社長として入社。ヒット作を連発、深刻な経営危機だった当社を救う救世主となります。著書『アイアコッカ――わが闘魂の経営』（ダイヤモンド社）は全世界で七〇〇万部を超える大ベストセラーとなりました（あまりの人気で大統領選の立候補を噂されたほどでした）。

諭吉は後年、横浜に出た際に、時代がオランダ語ではなく英語主流になったことに気づき大変ショックを受けます。必死に学んだオランダ語の蓄積が無駄になったことを意味したからです。しかし、数日後には新たに英語を学ぶ決意をして、後年のさらなる飛躍の礎をつくります。

諭吉もアイアコッカも、嘆きたくなる不運を自らの新たな転換点にしていたのです。

「不運な出来事」の破壊的な側面に打ち勝つ

アイアコッカのようにひどく理不尽な目にあえば、怒り心頭でフォードへの訴訟など泥沼の状態でもがき続けて、変化の破壊的な側面に囚われてもなんら不思議はありません。

諭吉も同じです。奥平父子の姑息な手段は、真面目に師に仕えて「養子にならないか」とまで師に可愛がられていた諭吉にとって、驚くほど卑劣な行為に映ったはずです。

両者とも、巨大な権力を持つ側からの不当な行為であり、同じ境遇に他の人が陥ったならば喧嘩や訴訟をするか、あきらめることを選び、気力を失ったのではないでしょうか。

薩摩藩出身の西郷隆盛は、維新で活躍した人物の一人として、戊辰戦争の江戸城無血開城や「廃藩置県の断行」などで有名です。しかし一八六二年には、藩主・島津久光の命に背いて怒りに触れ、流刑地である沖永良部島（奄美諸島南部）への島流しとなります。

西郷は奄美諸島の流刑島にある獄舎で、飽くことなく読書と瞑想を続けて過ごします。一年八か月後、薩摩藩が政局に対応できる人材を求めたとき、多くの藩士が藩主・久光に西郷を推薦して彼は藩に復帰しますが、解放直後は歩くこともできない状態でした。

のちに西郷は江戸幕府による第一次長征の総指揮官として武功を立て、薩長同盟により幕府を打倒、明治維新を成功させた立役者として八面六臂の大活躍をします（西郷は戦闘指揮官としても優秀で、京都禁門の変でも薩摩軍を指揮し長州を撃退しました）。

西郷は流刑になる前に藩主の怒りを伝えにきた親友の大久保利通が「共に死のう」と本気で彼に訴えたところ、次のように答えたそうです。

「吾々の死後、誰かよく勤王の大志を貫徹する者があるかろうか。余は君命を奉じて帰藩すべし。足下は宜しく留まって後事に当れよ」（『大西郷の逸話』西田実著／南方新社より）。

彼は三年間の潜伏から藩政に復帰したばかり。にもかかわらず艱難《かんなん》を乗り越えます。

不遇や災難の破壊的な側面に自暴自棄にならず、遠い流刑地で書を読み自らを磨き続けた西郷は、不運を新しい飛躍に結びつけて偉大な人物の一人として歴史に名を輝かせます。

変化を「人生の新しい革命」にする

時代の転換点には古い流れや構造が効果を失うために、「意図せぬ不運」が多くの人に訪れます。職を失う、会社がなくなる、まったく別の部門、別のスキルが必要な部署に再配置されるなどは、個人としてマイナスの経験であることは間違いありません。

しかし、「不運からの飛躍」を実現させるには、起こった出来事に別の視点から付加価値をつける以外に方法は絶対にありません。激動期だからこそ起きる変化を「継続的な苦境」にするのではなく、「人生の新しい革命」に昇華させなければならないのです。

諭吉や西郷、アイアコッカのように、起きた変化や解放の先を見据え、肯定的な要素を自ら付け足すことで、新しい飛躍への起点にすることが重要なのです。

誰にでも変化は起こります。諭吉は他人による卑怯な策謀に直面したとき、局面（問題）自体に立ち止まり逡巡して、泥沼に陥りませんでした。私たちも変革期に起こる「予想外」を肯定的に受け止め、歯を食いしばってでも新しい飛躍に転換しなければならないのです。

まとめ

誰の人生にも、予期せぬ出来事は起きる。それを成長への起点に変えるためには「破壊的な側面」に囚われず、新しい飛躍の材料として、次の付加価値をつけるチャンスとすべき。

成功の本質

14 新たなチャンスと英知は他者が運んでくる

人の幸福感の源泉は、他人と広く交際すること

一般的なイメージとして、『学問のすすめ』という書籍名からも、著者である福沢諭吉に、大変堅い印象を抱く人が多いのではないでしょうか。

しかし、自伝や歴史を読むと、諭吉自身は周囲や家族に大変細やかな愛情を注いだ人であることがわかります（諭吉は四男五女の子供に恵まれ、当時としても一一人という大家族でした）。そのためか、『学問のすすめ』では人間関係・人間交際の重要性を随所で述べています。

「人の性質は集まって生活することを好み、一人孤立することを好まない。夫婦親子の関

係だけでは、この基本的な性質（欲求）を満たすには足りない。広く他人と交際するほど、その幸福感はますます大きくなる。これが人間社会に交際が生まれる理由である。政府がなぜ法律を作り悪人を捕まえ善人を保護するのか。社会の人間交際を健全に機能させるためである。学者が著作を書いて人を教育するのも、後進の知恵を導いて人間の交際を保っていくためである」（『学問のすすめ』第九編より抜粋）

文明の中心は「人」であり、一人ではなく良き交際をする集団としての人間であること、その健全な人間交際を維持拡大するために、社会や政府は存在すると諭吉は説きます。学者のような人物は、どうしても内向的な議論になりがちですが、人間を鋭く捉えた革命者だった諭吉が、人の幸福感にもっとも影響を与える要因は、その人と社会との関係性だと述べているのは注目に値します。

家の中に閉じこもり「俗世間のチリを避ける」な

「世の中には俗世間のチリを避けると称して、世間の付き合いを避けて家に閉じこもり得意になっている者もないわけではないが」として、諭吉は次のように理由を推測しています。

「その心が弱く、物事に接する勇気を持たない。度量が狭く相手を受け入れることができず、結果として相手も自分を受け入れてくれない。相手が一歩遠ざかり、自分も相手から一歩遠ざかる。最後にはまったく交際できない関係になり、仇敵のような最悪の感情を持つこともある。まったく世の中の大きな災いであろう」(『学問のすすめ』第一三編)

特に、直接の面識がない人物の行動や発言を伝聞や又聞きで知る場合には、相手への共感や同情心がないことで、少しでもそりが合わないと相手を憎んだり怒ったりする悪感情が過剰に募ることになりがちです。

諭吉はこれらの人間関係におけるマイナスや失敗は、直接相手に会わずに慌てて判断を下す、こちらが相手を受け入れないことでお互いどんどん遠ざかるなど、こちら側の習慣的な行動がトラブルの原因なのだから、自分の行動習慣を変えて、まずは相手と顔を突き合わせてみるべきであると説いています。

直接の面識がないことが人間的な心を失わせており、顔を見て話すことが人の真実の気持ちを伝え、双方に思慮配慮も生み出すからです。

時に、人間関係は痛みをやわらげてくれる

集団の知と愚かさを研究した書籍『集合知の力、衆愚の罠』(アラン・ブリスキン他著／英治出版)は、人が帰属する集団を大切にすること、他人に対して友好的な感情を持つことには、さまざまな実質的なメリットがあると指摘しています。

・感情、思考がマイナスに陥るのを抑止する効果
・日々に意味と目的を取り戻させ、さまざまな障害の克服に役立つ
・心身の健康、精神的な障害物を乗り越え成長と成熟を導く

極めてシンプルに言えば、他人と良い人間関係をつくり上げることは、私たちの日常生活や人生において精神的なメリットや恩恵が多々あり、時に私たちの心を救い、癒してくれる特効薬のような効果さえあるのです。

つながりがチャンスを生み出し、新たな英知を運んでくる

幕末から明治に、日本全国の「私塾」が国家を変革する基地となったことはすでに説明しましたが、同じ問題を解決する意識を持つ人物が集まり出会うことは、発想の飛躍を生み出して、必要な行動や変革を加速させる勇気を与えてくれることがあります。

つながりがチャンスを生み、英知を運んでくる理由

①同じ問題解決に取り組む人との出会いは、行動への勇気を与えてくれる
②あなたが求めている答えをすでに知っている人と出会い、問題を解決できる
③あなたが実は、他の人が求めていた答えを提示でき、他者の成功を生み出す
④出会いにより他者の見聞や知恵を共有し、自らの飛躍の鍵とできる
⑤あなたの意見に、客観性や新しいアイデアを与えてくれる

土佐藩士の後藤象二郎は、坂本龍馬と出会い、船中八策の提案から大政奉還の建白をすることで、江戸幕府の幕を閉じ新しい時代をつくる世紀の活躍を成し遂げました。

諭吉は長崎で山本家に学び、大坂の適塾では師である緒方洪庵との出会いや生涯の友人を何人もつくり、のちの活躍の布石となります。幕末の偉人や諭吉はつながりの中で切磋琢磨し、新たな発想を身につけ飛躍したのです。

米国の企業コンサルタントで研究者のジョエル・バーカーは、一九八〇年代に日本企業の躍進でどん底に落ちた米国企業を復活させた原動力の一つ『パラダイムの魔力』（前出）を書いた人物です。

彼は人間が何人か集まると、問題解決の力が何倍も大きくなる理由を、違うパラダイム（特定の思考法と解決策）を持つ人間が集まると多様性が生まれ、長い目で見れば、一人よりもグループのほうが遥かに大きな力を持つからだと指摘しました。

実際、現代ビジネスは単独ではなく、チームやパートナーで世界的な成功をした事例が数多くあります。スポーツブランドのナイキはフィル・ナイトとビル・バウワーマン、アップルはスティーブ・ジョブズとスティーブ・ウォズニアック。マイクロソフトはビル・ゲイツとポール・アレン。二十一世紀の現代は、特にチームで活躍をする経営者が多い時代だと感じます。

世界は広い、人間のくせに人間を毛嫌いするな

「世界は広く人間の交際はさまざまであり、四、五匹のフナが井戸の中で過ごすようなものとは趣が違う。人間のくせに、人間を毛嫌いするのはよろしくない」（『学問のすすめ』第一七編）

「交際を広くするコツは、関心をできるだけ多くの分野に持ち、さまざまなことに取り組み一つに偏らず、多方面で人と接することだ。（中略）およそ放蕩のような悪事でなければ、友人を得る機会とならないものはない」（『学問のすすめ』第一七編）

現代社会は通信機器の発達や、ネットで世界中の情報を取得できることもあり、個人で孤独に誰にも接触せず、自分だけで楽しめるコトやモノが簡単に提供される時代です。

しかし、諭吉が「広く他人と交際するほど、人の幸福感はますます大きくなる」と指摘したように、良い人間関係の構築は、他では得ることができない特別な恩恵を私たちの人生に与えてくれます。

私たちが否定しない限り、人と良い関係を築く機会は広く存在しているのですから、諭吉の指摘するように小さな井戸の中にいる四、五匹のフナのようにならないことです。

人とのつながりは安らぎや幸福感を私たちの人生に生み出し、時に痛みへの癒しを与えてくれ、人生の大いなる飛躍の機会を得る場ともなるのですから。

まとめ

難しい時代こそ、何が人の人生に幸せをもたらすか正しく理解すべき。

人間社会では人と人のつながりが幸福の源泉であり、交際を広げることは人生を広げることである。

第5章
いかに自分のアタマで考えるのか？

多数派が必ずしも正しくない時代の思考法

成功の本質

15 転換期は多数派の判断が正しいとは限らない

時代の変わり目には「二つのこと」を疑うべし

諭吉は第一五編で「事物を疑って取捨を断ずること」と題して、疑う能力の重要性を述べています。

「信じることには偽りが多く、疑うことには真理が多い。世間を見渡せば、愚かな人は人の言葉を信じ、書を信じ、噂を信じ、神仏を信じ、迷信を信じている。（中略）人間社会にある真理の多寡を調べれば、正しいことが多いとはとても言えない。真理が少ないなら、偽りが多いことになる。つまり、人は何かを信じているとき、多くは偽りを信じているのだ」（『学問のすすめ』第一五編）

明治維新後の変革期に、諭吉が疑うべき対象としたものには二つの分類があります。

①科学、社会制度、学説などの旧説や常識

②疑う能力がゼロの「開化先生」の言説や、単純な西洋文明礼賛の軽率さ

科学や技術で現在「限界値」と思われている壁は、実は突破できるのかもしれません。ガリレオの天動説やニュートンの万有引力の法則も、古い学説を疑うことで新しい発見をしており、宗教改革のルターやスチュワート・ミルの「婦人論」のように旧来の社会制度や限界を疑い、これを打破して新たな可能性や豊かさを社会にもたらすことが前者。

既存の制度に不安を持つ人が増えることで、新しい説や西洋の情報・習慣を「疑いもせず無条件に」ただ賞賛する開化先生（西洋かぶれの知識人）と追従者が出現しますが、そのような疑う能力がない人たちの言説を、慎重に判断して正誤を確認するのが後者です。

多数派が正しいとは限らない時代の三つの変化

当たり前の思い込み「常識（限界）」を疑うことは、第二章の「実学」における発見力の拡大とも関係しますが、科学技術や社会制度を進歩させる健全な力です。

また、変革期は過去の考え方が通用せず、多数派が常に正しいとは限らない時期でもあります。個人や組織、社会の現実として変革期には次の三つの現象が加速していきます。

①旧来の多数派の考え方や行動が、成果や幸福に結びつかない
②単に組織や集団にぶら下がっても、自らの安泰を確保できない
③今までと違うタイプの成功者が生まれ、古い思想に固執する者が遅れをとる

幕末まで日本で主流だった「漢学」は、西洋の科学合理主義と出会って淘汰されます。「洋学」研究者が優れた成果を挙げることで、古い学者は社会的地位を失ったのです。

武士社会と封建制度も時代と共に没落する運命をたどりました。一八七一年、廃藩置県が断行されて世襲の藩主が消えることで、武士という身分は歴史上から消滅します。

そして、別の新たな難問が多数浮上したことで、西洋の実情や国際情勢を理解して問題解決ができる新しい知識と見識（実学）を習得した人材が、古い人事制度を飛び越えて出世。彼らは変革期が生んだ「新しいタイプの成功者」となったのです。

変革期でないときは、ある意味「自分のアタマ」を使わなくとも成功や幸福が手に入る時代です。多数派や旧来の組織、集団が正しい時期は、組織に従い自分のアタマで考えなくとも、それなりのレベルの成功や幸せが約束された状態だったのです。

「昔、鎖国の時代に旧幕府のような窮屈な政治を行っていたときは、国民が無気力でも日本の政治に差し支えもなく、かえって便利だったため、役人は国民を無知で従順な状態に陥れて得意となっていたが、今外国と接触をする時代には逆にこれが大きな弊害となった」（『学問のすすめ』第三編）

新しいグローバル化の大波が押し寄せている現代日本にとっても、諭吉の言葉はなんとも辛辣な響きを持ちます。私たちは「何も考えなくて済む」時代がすでに去っているのに、平和時と同じく無知で従順なままでいるという愚かな選択をしているかもしれないのです。

新しいものを盲信することと、賢くなることは違う

幕末から明治には、海外から新たに導入された「西洋のあらゆるもの」が正しいと信じ込み、日本の物事がすべて劣ったものだと考える、極めて軽率な人間が増えていました。

「西洋の文明は日本のそれを数段上回ると言えど、決して完璧な文明ではない。欠点を数えれば枚挙に暇がない。西洋の風俗をことごとく素晴らしいものと信じてはならず、日本国の習慣をことごとくダメなものとして疑うべきではない」（『学問のすすめ』第一五編）

「今の改革を唱えるものが日本の古い習慣を嫌って西洋の物事を信じる姿は、まったく簡単に信じてしまい、簡単に疑ってしまうと非難されるべきものである。古いものを信じていたときと変わらず新しいものを信じているだけで、西洋の文明を盲信して欠点までも真似ているかのようである」（同前）

Aという人物に騙されていた人が、その嘘を見破ったとしても、自分の判断力を正しく

高めなければ、Bという別の人物に簡単に騙されてしまいます。疑う能力、信じる能力を共に高めない限り、騙される対象が変わるだけで、本人は少しも賢くならないのです。

正しい判断力の三つの要素

①「疑う能力」をまず高めること
②判断をする際の「基準」を誤らないこと
③「正しく取捨選択をする能力」を高めること

新たな投資話に軽々と乗る、政治政党が新しい主張を声高にすることで、物珍しさから軽々と盲信して、とんでもない大失敗をする事例など数知れません。新しいというだけで盲信したり、古いというだけで劣ったものと見ることは、騙され続ける人の特徴だと言えるでしょう。

変革期は「疑う力」「騙されない力」こそ試される

前出の『人間 福澤諭吉』は大変面白いエピソードを紹介しています。

著者の松永安左エ門は、ある日、福沢先生に「（松永の）生まれの壱岐には変わったところはないか」と尋ねられます。

（以下、松永青年の回答部分から）

私は壱岐の海女は日本一だと自慢した。「なにしろ、ドブン、ドブンと海へ飛び込んで、二十分でも三十分でもずっともぐり、あわびや海藻を取って来るからえらいもんです」

ここで、先生は手を挙げて、「ちょいと、お待ち……」とこられた。何事ならんと、私はホラの一休みをすると、先生はさっそく、かたわらの人をかえりみられ、

「だれか洗面器に水を入れて持っておいで。それとも、手拭かハンカチで松永君の口と鼻を押えておやり。松永君がどれだけイキをしないでおれるかためしてやろう」

私はおどろいて、これはとばかりに逃げを打つと、先生は逃がさない。

（中略）

「でも、私はそれくらいかと思いましたから」

「そう思ったなら、そう思ったことが事実かどうか、今ここでためしてみよう。わたしが時計をもって時間をはかるから、お前さんは洗面器に顔を突っ込むがよい。不確かなことは、何事も事実でためしてみるのが学問というものだ」

諭吉の「実証主義的」な鋭い指摘に、腕白学生の松永もぐうの音も出なかったそうです。ガリレオの天動説やニュートンの万有引力の法則、またアインシュタインの相対性理論も含めて、自然科学は「過去流布していた学説を疑うこと」で進歩を成し遂げています。ある種の盲信は失敗を生み出し、第二章で解説したように、大きな飛躍の可能性からあなたの目を隠すことにもつながるのです。

「今日において、西洋の著名人が日々新たな説を唱えて人を文明に導いている姿を見ると、その目的は昔の人が確定した疑いもない論説に反論し、世間に普通に信じられている習慣に疑問を持つことにのみある」（『学問のすすめ』第一五編）

規制概念や古い説、一般に浸透している習慣を疑うことが新たな進歩や発見を生み、世界の文化を革新する。これはまさに「疑うこと」の偉大な威力です。特に変革期は既成概念や多数派の思考が正しさを失うときであり、疑う能力が新たな成功への道になるからです（ちなみに、現在の潜水時間の世界記録は二〇分を超えています。ただし、この記録は静止状態での計測で、活動状態での潜水はやはり数分が限界のようです）。

「正しい基準」で本質を判断し評価すること

物事の成否、優劣を判断するときの重要な点も『学問のすすめ』は私たちにアドバイスをしています。それは「物事の本質を評価する基準」に注意すべきということです。

・学校は風紀や取り締まりの厳しさでなく、教師の優秀さや指導のレベルで評価すべき
・政治家は政治行政の手腕、日本国への貢献度で評価すべき
・企業経営者は、企業業績を向上させる仕事ぶりと成果で評価されるべき

英語教師の能力を、数学のテストで測ることがおかしなように、政治家の資質を漢字の読み書きで評価する、経営者の手腕を服装のオシャレ度で測るといったことも悪例の一部と言えます。「判断をする際の基準」が的外れならば、結論は常におかしなものになるからです。

逆に「評価判断の基準」が正しいほど、結論は正確で良い成果を生みます。したがって、高い成果を生み出す判断は「評価する基準」を正しく見極める能力と関連しているのです。

一部分の判断から、全体像を盲信しない

「正しい」と思われるものの中にも「一部の正しくないこと」が含まれている場合があり、何か一つをいいと評価してもその全体を盲信してはいけない、と諭吉は述べています。

「一人の若者が、ある学者に心酔してその人物を真似るのに、心を入れ替えて学者先生のように勉学に発奮することはもちろんいいことだ。しかし、若者が先生に心酔しすぎるあまり、先生の夜更かしや朝寝をする悪い習慣まで真似る必要はない。やることなすことの良し悪しを考えず、すべてを真似ようとするから不幸に陥るのである」（『学問のすすめ』第一五編より抜粋）

一九一一年創業の名門企業ＩＢＭは、六〇年代以降コンピューターの黎明期には「ＩＢＭと七人の小人」（ＩＢＭだけが巨人）とまで言われた歴史ある世界的企業です。

しかし、パソコン全盛の九〇年代に、同社の主力商品である汎用大型コンピューターは時代遅れになり、九二年に約五〇億ドルの損失を計上して、極度の経営不振に陥ります。

当時メディアや評論家は、苦境のＩＢＭは倒産するか事業を分割する以外に生き残る方法はなく、その前途は極めて厳しいと盛んに報道することになります。

ところが、他社のＣＥＯとして活躍したルイス・ガースナーが新ＣＥＯに就任し、製品販売の不振とは別にＩＢＭが持つ世界的なサービス網と高い技術開発力、顧客サポート力という特異性に気づき、事業転換をすることで不死鳥のごとく復活を遂げました。

ガースナーは自著『巨象も踊る』（日本経済新聞社）で、のちに「ＩＢＭを分割したサプライヤーにするのは破滅的な行為だった」と述べています。彼は部分的な不振から全体像を盲信せず、強みの本質を見抜いてＩＢＭという企業に奇跡を起こしたのです。

諭吉の目指す、自主独立の精神への移行

『学問のすすめ』が提唱する「自分のアタマ」で考えることは、裏返して考えると次の三つの失敗をいかに防ぐかを鋭く諭してくれています。

①間違いや時代遅れなことを盲信して、チャンスが見えず失敗すること
②ズレた基準で現実を評価することから生まれる間違った判断や結論

③詳細の可否のみで、「全体像を盲信して」悲劇を生み出す愚かさ

西洋列強の事情を知り、戊辰戦争などを見て、激動の時代に生きて日本を変える活躍をした諭吉は、嵐の中で自分の軸を維持し、独立した思考の足で立ち、正しい判断と行動を選択する「自分のアタマ」を使う大切さを私たちに伝えています。

先の見えない、予測できない世界情勢と、多くの問題を抱えた現代日本。変革期は古い流れの優位性の揺らぎと、新時代の次の可能性という二つの流れが混在する時代です。

古いものに全面的にしがみつけず、新しいものを一〇〇％盲信することもできない今、私たちは「自分のアタマ」で考える力が、極めて重要な世界に生きているのです。

まとめ

時代の転換期には、①疑う能力を高める、②判断する際の「本質を捉える基準」を探す、③一部の詳細で全体像を盲信しない、ことが重要である。多数派が必ずしも正解でない時代こそ、「自分のアタマ」で考える必要性が増すのである。

成功の本質

16

個人の問題であるか制度の歪みであるかを見抜く

間違っているのは、制度か人間か？

「完璧な君主や役人、完全に従順な庶民などは、どのような学校に入れてもつくり出せるわけもなく、どのような教育でも実現は不可能である。中国は古代周の時代から、この理想を目指しながらも一度も注文通りに国が治まったことがなく、阿片戦争では外国人に支配されてしまったではないか」（『学問のすすめ』第一一編）

古い儒教的価値観には、当事者意識を奪う他に重大な悪弊があると諭吉は語ります。

アジア的、儒教的タテマエ論から生み出された社会制度の中には、一般庶民が「愚かで善良な人たち」であること、「君主が公平無私な人物であること」「役人とは完璧な存在であること」など、非現実的な前提を元に組み上げられたものがあり、人間への歪んだ前提が、例えば次のようなデメリットを社会に蔓延させる遠因になっているのです。

・儒教的なタテマエ論は、身分制度や社会的役割を固定化しようとする
・歪んだ制度は、個人の道徳心や強い精神力に成果を依存している
・制度の歪みを直さない限り、欠陥制度を乗り越える少数者しか成功しない

「武士の組織において、決められた給与と手当では、本来お金が残るはずがない。なのに蓄財に成功する武士がいるのはなぜか。稀に賄賂を取らない正直な役人がいると、前代未聞の良い臣下として評判になるなど、本来おかしなことであり、大勢の偽君子の中に、普通の人が混じっているにすぎないのである」(『学問のすすめ』第一一編より抜粋)

このような状態を生み出しているのが「制度の間違い」か「個人道徳の問題」なのかを正確に見極めなければ、正しい社会を実現できないと諭吉は説いているのです。

システムの歪みを、道徳の問題にすり替えていないか

本来当たり前の行動で「前代未聞の立派な人物」とまで呼ばれるのは、おかしいことです。なぜこのような、摩訶不思議な状態に陥ってしまうのでしょうか。

「『世話』という言葉には二つの意味がある。一つは『保護』でもう一つは『指図』である。保護と指図はその範囲を一致させるべきで、狂いがあってはいけない。例えば父母の指図を聞かない道楽息子にむやみに金を与えてさらに放蕩をさせてしまうなどは、世話があっても指図ができていない。逆に子供が真面目に勉学にいそしみ父母の教えに従っているのに、子供に十分な衣食を与えず学問を身につけさせないのは、指図の世話だけあって保護の世話が欠けているのである」(『学問のすすめ』第一四編より抜粋)

諭吉は世話(保護と指図のバランス)について、お金だけ与えて相手の行動を管理しない、英国の困窮市民対策でも同様の矛盾に悩んでいることを紹介しています。

問題が起きるたびに、個人の倫理が原因とするケースがありますが、本当に個人の倫理

や道徳の問題なのか、不適切な行動を助長する制度・システムの問題なのか、本質を見極めることにアタマを使わなければ、現実を永久に改善できないのです。

ビジネス事例として、Ｐ＆Ｇという企業は特定階層の社員に、勤務時間の七五％を既存の仕事の枠組みの中で働き、二五％を「仕事の仕組みの改善」に費やすことを求めています（前出『イノベーションのＤＮＡ』より）。

ベストのパフォーマンスを発揮するためには、現体制での社員個人の活躍だけではなく、全社員のベストを引き出せる仕事の仕組み自体の改善をすることも、重要な成功要因だと理解しているからでしょう。

病根を突き止めて、正しい薬を処方すべき

『学問のすすめ』で諭吉が指摘する矛盾は、問題の根源を正しく見極めて行動をしなければ、いつまでも問題を改善できないことを教えてくれます。

それはちょうど、風邪を引いて胃薬を飲み、骨折をして筋肉痛を緩和する湿布薬を貼る処方に似ています。本当の原因に効果のある対処をしなければ、問題自体を解決することは絶対に不可能なのです。

長年問題となっている学校内の暴力事件に対して、教育の問題ではなく刑事事件として扱えばさらに抑止効果が高まる可能性がありますし、自動車の飲酒運転は刑法・道路交通法の厳格化により、ピークの二〇〇〇年以降減少しており、二〇一一年には一〇年前のなんと約五分の一まで激減しています。個人倫理やマナーではなく制度の課題として対処したことが劇的な効果を生んだのです。

この結果を考えれば、悪いことの発生を抑制するだけではなく、良いことを五倍に増やすこともできるでしょう。これは本質を突いた正しい制度が生み出すパワーなのです。

まとめ

システムの歪みを、タテマエ論や倫理道徳と誤解して処理することは、成功が期待できない方法である。正しい行動へモチベーションを生むように、仕組み自体の適切な改善を検討すべきである。

成功の本質

17

異論異説が衆愚の罠を防ぐ

優れた個人が組織に染まると、途端にダメな人間になる

「今、官職にある人物は優秀な人が少なくなく、個人としてその言葉と行動は素晴らしい上に賛同すべきことも多い。また国民の中にも、無気力な人物ばかりではなく公明誠実な人も少数だがいる。ところが、この優秀な人物が政府に集まり政治を行うと賛成できないことばかりで、誠実だったはずの国民も政府に接すると途端に信義を曲げて役人を欺いて恥じることもない。個人としては優秀でも役人になると愚かになり、個人では賢明でも集団になると暗愚となるのはどういうことであろうか」（『学問のすすめ』第四編）

前出の『集合知の力、衆愚の罠』では、集団を愚かな判断に導く衆愚は、次の二つから

生まれると指摘しています。

①「分断と細分化」

集団の構成員に「身内ではない」「私には関係がない」とみなす発想が蔓延すること。「確証バイアス」と呼ばれ、既存の先入観を裏づける形で解釈する傾向を持つ。自分が知らないものは、すべて「身内ではない」ものであり、排除してしまう。

②「いつわりの合意」

見せかけの団結に向かう流れ。集団の構成員は沈黙と服従を選ぶ。集団内の不一致を明らかにせず、団結の幻想を守りたいと考える。存在する分断を覆い隠し、その結果、直面する現実の正確な理解に結びつくデータや視点の検討を避けてしまう。

定義を聞くと「衆愚」が本当に私たちの身近にあるのか疑問を感じますが、実際には政府・民間のあらゆる分野で頻繁に起こる現象です。衆愚に囚われた集団は時に決定的な場面で愚かな結論に飛びつき、その歪みは巨大な悲劇を生む引き金になってしまうのです。

問題のすり替え、その欺瞞を見抜く視点

ＮＡＳＡ（アメリカ航空宇宙局）は、一九八六年のスペースシャトル「チャレンジャー号」打ち上げで、爆発事故により乗組員七名全員が命を落とす大惨事を起こしますが、この悲惨な事故でも典型的な「分断と細分化」が行われていました。

驚くべきことに、大惨事の原因となった燃料補助ロケットの密閉用Ｏリングについて、専門の技術者から何度も脆弱性の指摘がされていたのです。

しかし、固定燃料ロケットブースターの請負業者であるモートン・サイオコールの幹部は、チャレンジャーの打ち上げは四度延期されており今回も延期した場合、顧客であるＮＡＳＡからの信頼が揺らぐと考えました。

やがて彼らは安全管理上の議論を、段階的に「経営的な問題」にすり替えてしまいます。

①Ｏリングに関わった技術者は、ほとんどが当日の打ち上げに反対していた
②ＮＡＳＡの幹部は、Ｏリングに関する報告書が「確証性」に欠けると考えた
③ＮＡＳＡは、サイオコールの反対を押し切ってまで打ち上げはしないと告げた

④サイオコールの担当部長は、社内へ「経営的な判断をせねばならない」と言った
⑤最終的に技術者を除いた幹部で採決を行い、サイオコールは打ち上げを推奨した

サイオコールの幹部は、意思決定の場から「危険性を正しく認識している技術者」を除外して、安全管理と乗組員の人命尊重の問題を、大口顧客であるNASAとの経営上の信頼関係にすり替えたのです。危険性を訴えたサイオコールの技術陣は、この結論の前に（いつわりの合意として）最後は沈黙してしまいます。

その結果、宇宙開発史上最大の悲劇が生まれ、NASAの宇宙開発計画は何年も遅れます。

衆愚の罠と悲劇は、問題の本質をすり替えてしまうこと、歪んだ結論をいつわりの合意で装飾することによる悲惨な結果です。

残念ながら現代日本でも、諭吉の指摘する「個人では賢く、集団になると途端に愚か」という現象は退治できていません。衆愚を生み出す構造の「分断と細分化」は、特定集団に入り閉じられた議論になると、広い視野を持っていたときは当然指摘できたはずの〝当たり前の常識〟を見失ってしまい、最後は悲劇を生み出してしまうのです。

チャーチルは、日本が戦争に参加しないと考えていた

『富・戦争・叡智』（バートン・ビッグス著／日本経済新聞出版社）では一九四一年ごろ、ドイツのヒトラーにより大打撃を受けて窮地に立ったイギリスのチャーチルが、アメリカの参戦を熱烈に願いながらも、日本はとても賢明で合理的だから、アメリカを挑発しないだろうと考えていたことが指摘されています。

「日本がイギリスとアメリカを相手に戦争をして、自ら破滅を招くことなどありえなさそうだった。日本が宣戦布告するのは理にかなわなかった。そんなことをすれば日本は廃墟になって一世代は立ち直れないだろうと私は確信していたし、実際そうなった。しかし、政府も人も、いつも合理的な判断を行うとはかぎらない。（中略）私は、日本が狂うとは思えないと、ためらうことなくたびたび記してきた」（同書に紹介されているチャーチルの著作『第二次世界大戦〈3〉大同盟』の一節より）

「陸軍大学校」「海軍大学校」への入学が、参謀や中央要職に就くための必須資格とされ、

陸大卒、海大卒でない軍人は部隊勤務で一生を終えるなど学力主義に偏重させ、実戦経験者の視点や意見などは、新制度の浸透で一九二〇年代以降には消滅していきます。

旧日本軍は、戦前では日本最大の組織と言われますが、巨大組織の中央部で特定資格所持者だけが独占的に意思決定に携わる世界が蔓延すると、彼ら学業エリートの外の世界にある意見、視野、異なる有用な経験を持つ人材が国家の意思決定から排除されていきました。典型的な衆愚を生み出す「分断と細分化」です。

最後には「いつわりの合意」が形成され、敗北が確実視された悲惨なアメリカとの戦争を始めます。初めこそ日本軍は快進撃を見せましたが、後半戦以降は大敗北を喫しても、国内には事実と異なる報道を行い、国民を欺いてさらに悲劇を拡大させてしまいます。

社会に毒を流す害がもっとも大きいもの

「言論の自由を抑圧し行動の自由を妨害することは、単に政府の政治のみに関わると思われがちだが、一般の民間にも極めて広く流布している行為であり、政治のみを改革するだけではその改善は望めないほど、（社会的に）もっとも毒を流す害が大きいものである」

（『学問のすすめ』第一三編）

『集合知の力、衆愚の罠』は、衆愚の罠を打破する三つの対策を提示しています。

①階層や組織構造に、分断と細分化を避ける仕組みを導入する
②集団への使命や敬意、配慮など正しい帰属意識を持たせる
③不一致に直面したとき、既知の思考にしがみつかないことを徹底する

分断と細分化は、不都合な真実への直面を避ける（悲劇の引き金を引く）悪影響を及ぼします。衆愚を生む分断化を防止するルールと構造を組織が備えることが必要です。

正しい帰属意識は、自分が所属する集団への適切な使命感と敬意を持つことで、自暴自棄的な結論に飛びつくのを避け、視野を広げて集団を守りながら建設的な結論に導くことを可能にします。諭吉は日本人が帰属する「日本という国家」をすべての日本人が想うことで、悲観的な状況に建設的に立ち向かえる思考を日本全国に浸透させたのです。

③の指摘は、ＮＡＳＡのように集団議論で意見が一致しない状態を軽く見ないことです。不一致が暗示する新しい問題（危機）を、既知の出来事や思考と同一だと思い込むことは、悲劇や失敗の前兆を示す警告サインの点灯に、自ら目を背けることと同じだからです。

「（西洋では）ある議論が出れば反駁し、異説や論争が大きく起こる。人間の世界が進歩して真理に到達するためには、異説を出し論争をすることしか道はないのだ」（『学問のすすめ』第一五編より抜粋）

諭吉は論争や異論を自由に行うことが文明を進歩させるとし、集団や個人を抑圧して分断させ、檻に閉じ込めることを「もっとも毒を流す害が大きいもの」と糾弾します。

彼が多くの視点から、異論異説を受け止めることの重要性を庶民に広く伝えたことは、日本という国家の根底を揺るがす激動維新の時代に、幕末・明治期の日本人が衆愚に陥ることを避け、建設的で聡明な議論を実現させたと考えられるのです。

まとめ

集団を愚かな失敗に導く危険な「衆愚」。自分のアタマを乗っ取られず、衆愚の罠を私たち日本人自身が見破ることで過去を乗り越え、望ましい未来を生み出すことが可能になる。

第6章

どうすれば世界は変わるのか？

成功する驚異の社会変革メカニズム

成功の本質

18

比較対象を世界に広げ、「新しい現実」を見る

繁栄したインドやトルコはなぜ凋落したか？

「人の見識を高めて行動を正しくするにはどんな方法があるか。秘訣は物事を比較してより高いレベルを目指し、絶対に慢心しないことである。比較の注意点は、双方の一部一点を比較するだけはダメで、全体像とあらゆる分野をすべて精緻に比べることである」（『学問のすすめ』第一二編）

過去、日本ではオンリーワンであることが大切というメッセージが流行したことがありますが、それは本当に正しいことでしょうか。『学問のすすめ』は井の中の蛙のような、極めて狭い環境下での独自性や個性は、単に脆弱さにすぎないと厳しい指摘をしています。

インドの文明は紀元前数千年前に興った長い歴史を誇り、数学の理論などは当時の西欧諸国に比べても遜色のないレベルだったのに、英国の植民地となってしまい（当時）、インドの人民は奴隷同然となりました。

「かつてインド文化やトルコの武力が自国の発展に寄与しなかったのはなぜか。国民の関心が国内だけに留まり、自国の現状に満足し一部を外国と比較して同レベルだと慢心したからだ。全体・各分野で精緻に比較せず、楽観主義と内輪もめで植民地に堕ちてしまった」（『学問のすすめ』第一二編より抜粋）

オスマン帝国を生んだトルコは、一時期は西欧諸国に影響を与えるほど強大で、一目置かれる武力があったにも関わらず、やがて商売上の利権をすべて英仏に独占された上、自由貿易を強制されて自国産業が壊滅。一切の工業製品は外国からの輸入に頼り、経済の自主性を奪われて貧しい国に転落、武勇の兵士も役に立たない状態にまで落ちぶれたのです。

インド・トルコが没落した理由

①二つの国の国民の視野が、ただ国内だけに限定されていたから

②自国の状態に満足しきって、精緻に他国と比較せず、自他の優劣判断を誤ったから
③狭い視野で国内のみの議論に終始し、世界中の人間との接点を広げなかったから

視野の狭さ、比較検討の対象世界を広げなかった慢心により、インドもトルコも歴史ある強者から、他国の植民地に堕ちるほど弱く情けない存在に失墜したのです。

グローバル化の二つの影響にどう対処すべきか

では、「単なる脆弱な存在」から脱却するためにはどうすればいいのでしょうか。

『学問のすすめ』では、二つの提言がなされています。

①「常により大きな枠組み」で比較検討すること
②より広い比較で生まれる「新しい現実」に対処すること

「弱さ」を強さに変えるためには、まず「より大きな枠組みでの比較」が重要です。

家族の中で足が速いと言われた子供が、実際に小学校で徒競走をすると校内でどのレベ

ルかわかります。市や県の大会に出場すれば、さらに自分のレベルが把握できます。広い比較検討を体験することで「新しい現実」が理解できるのです。

諭吉の最初の著作『西洋事情』は一八六六年に刊行され、米国、欧州に渡った諭吉が、西洋の近代的な技術や社会体制、海外諸国の条約などの事情を紹介した本ですが、最後の将軍である徳川慶喜に大政奉還を決意させたきっかけになったと言われます。幕府の封建的体制では、西洋列強に日本が勝てないと悟ったがゆえの判断だったのでしょう。

江戸幕府が政権を放棄したことで、無数の日本人は新しくより強い日本の国家像をつくり出すことになります（国内の内戦は続きましたが）。

現代の日本では小学校で徒競走の順位を付けない学校もあるようですが、子供を強く育てるためにはまったくの逆効果である可能性を否定できません。

日本の子供たちは将来世界市場で影響を受ける仕事に取り組むでしょうし、私たちがライバルだと思わなくとも、外国人が「日本市場こそが攻め込む主戦場」だと狙いを定めるかもしれません。

現在の日本の教育は、実は子供たちの正しい努力と成長の機会を奪っており、将来に挫折を生み出す可能性が高いと皆さんも感じないでしょうか。

もう一つのグローバル化の影響は、学習・習得により、「付加価値の生まれる分野」が変わることです。黒船の来襲で、諭吉の兄は「オランダ語の原書を学んでみないか」と諭吉に勧めますが、日本の古い砲術では海外の最新技術に勝てないという「新しい現実」を受け止めた上で生まれた行動です。

一八〇〇年代の初期、外国船による海防の脅威にさらされたこと、清国が英国とのアヘン戦争に敗北したこと、黒船の来襲。世界の潮流と劇的なグローバル化で、先進的な意識を持つ日本人は、学習する対象をがらりと変えていきます。

師である立場の人物は、才能あふれる日本の若者に「新時代に付加価値を生み出す新しい学習対象」を教え、次の時代に価値を生まない古い学習対象を棄却させていったのです。

幕末から明治の日本人が、グローバル化に正しく対処したことで、日本の国家的近代化は急速に進展し、日本は日清戦争、日露戦争に勝利して世界を驚かせることになりました。

変革期に起こる二つの変化、その劇的な影響

諭吉は西洋列強に遭遇して、激しい変化を体験していた日本を次のように表現しました。

「たとえるなら、子供が家の中で育てられて、いまだに家の外の人に接したことがないようなもの。その脆弱さは当然のことである。今や外国との交際が突然に開けて、日本国内の仕事一つとっても海外と関係しないものはなくなった。物事すべて外国に比較して対応をしなければならない情勢である」（『学問のすすめ』第五編）

江戸幕府末期に起こった変化に着目し、変革期に必要な対応を分析してみましょう。

①より広く多くの物事が比較されるグローバル化
②高く評価されるもの、評価が落ちるものの出現

二つの変化は幕末から明治維新の時期、日本が鎖国を打ち捨てて開国をした時点で短期間に出現しました。西洋諸国の持つ最新鋭の軍艦を前にして、日本の砲台や船舶は技術的に大きく遅れていましたが、それも海外と日本の接触でわかった新たな事実です。

もう一つ別の変化として、海外事情や知識を導入するために、最初に蘭学（オランダ語を含む）を学べる人物、学んだ人物、蘭学を日本に紹介できる人物が重宝されたことです。外部環境との接触は、新たに明らかになったギャップを埋められる人材や知識を急速に重

宝する、ある種のチャンスと呼べる状態も生み出したのです。

逆に、漢学者や戦国時代の兵学、侍の刀などは問題解決力や評価を喪失していきました。

世界トップの企業や組織の情報収集をしているか

ビジネス上の課題、政治上の課題、個人の問題においても「より広く比較する、一部の比較で慢心せず、全体とすべての分野を精緻に比較すること」はもちろん役立ちます。

・この問題で、他国の企業で大成功しているケースはないか?
・この分野のビジネスで、世界ナンバーワンの企業はどの会社か?
・このテーマについて、世界的な権威と呼ばれる人は誰でどんな人物か?
・この課題について、より効果的に解決をした外国での事例はないか?
・この提案について、あなた自身は世界中の役立つ情報を集めたか?

極めて「単純な問い」です。しかし、同時に「効果的な問い」であるのも事実です。
世界市場で苦戦が伝えられる日本の家電メーカーは、世界中の市場と製品を比較しているでしょうか。日本の独自規格だったガラパゴス携帯は、アップルなどのスマートフォンに急速にシェアを奪われて消滅寸前です。液晶パネル、ノートパソコン市場や家電も同じ苦戦を繰り返しているように見えるのは気のせいでしょうか。

グローバル化で出現する新しい現実も見逃すことはできません。発展著しいアジア諸国では労働賃金の安さから、付加価値の高くない製品であれば、日本国内で製造するより確実に安く仕上がります。品質面でも不安がなくなりつつある事実があります。

グローバル化は国家でも同じです。労働者賃金や品質は世界の複数の国と比較され、日本国内では年金問題や医療負担、少子高齢化という新しい現実が生まれています。

より広い枠組みで比較検討を行い、変化が生み出している新しい現実を認めて対処すること。この二つの行動ができる企業・個人・国家のみが勝ち続けられるのです。

消え去るか、自ら変革を起こすかの二択

『ビジョナリーカンパニー2　飛躍の法則』(ジェームズ・C・コリンズ著/日経BP社)は、普通の企業から偉大な企業へと登りつめた会社の共通点を分析した世界的なベストセラーですが、一九五〇年代まで共にアメリカで人気のあった食品小売業のA&Pと、ク

ローガーの比較をしています。

二社は一九七三年までは同じ株価であったのに、二〇〇〇年前後には八〇倍近い大差でクローガー社が米国小売業で不動の地位を獲得しました。この劇的な差は、一九六〇年代にスーパーマーケットの店舗実験の結果を受け入れたか否定したかの違いでした。A＆Pは自社の旧業態を完全否定するテスト結果を否認し、クローガーは近い将来、食品雑貨業態の店舗は「絶滅する」という悲惨な予測を受け入れて対策を始めたのです。

もう一つ、同書は現実を直視しない勇ましさと、もっとも厳しい現実を直視した上での勇ましさを明確に区別すべきだとしています。偉大な企業は常に後者であり、現実から目をそむける楽観論者は常に消え去る運命にあるのです。

「現在の日本は、文明の名はあっても中身はない。外の形は立派でも内なる精神は脆弱である。我が国の学者が未熟であるため外国人を雇い、我が国の工業のレベルが低いために外国の機械を購入している。日本の財貨を外国へ捨てていると同じで、国のために惜しいことであり、学者の身としては恥ずべきことである」（『学問のすすめ』第一〇編より抜粋）

過去一四〇年間の日本の歴史の中で、大きく海外と接して成功を収めたケースと、他国との関係や接触により大きな失敗をしたケースが存在します。明治維新と明治政府の日本の近代化は前者で、日本の軍政による敗戦は後者に該当するでしょう。

前者は世界各国と比較して、「新しい現実」が出現していることを謙虚に見極めました。諭吉の『学問のすすめ』は当時の日本の脆弱さを真正面から認めて、だからこそ発奮すべきなのだと日本人に訴えました。偉大な企業に変化するための文化と、なぜか諭吉の『学問のすすめ』の主張は似ているのです。

まとめ

グローバル化では、より大きな枠組みの比較検討で生まれる新たな現実への対処が必要とされる。新たな現実への対処から逃げても脆弱さは変わらない。新しい現実が教える次の付加価値を積極的に身につけること。

成功の本質

19 変革の成功を導くのは「自由の創設」である

一四〇年間の日本の挑戦と失敗

日本の明治維新は誰もが知る歴史の事実ですが、実は過去一四〇年間の中で日本は何度か「維新」を再現しようと試みたことは意外と知られていません。

しかし、そのいずれもが成功することなく、少なくとも明治維新の革新精神を目指した試みがなされるたび、結果的に多くの人が落胆したのは事実です。

同じ日本人が成し遂げた歴史の偉業を、なぜ以降の日本人は再現できないのでしょうか。

ここではその隠れた秘密と、なぜ失敗を続けてしまうのか、明治維新の勝利を日本人が再び実現するには何が鍵となるのか、明治維新の前後の歴史を直接体験した諭吉の『学問のすすめ』を元に考えていきます。

「破壊と創造」という発想を一蹴した諭吉

明治維新の再現性を分析する上で絶対に欠かせない点の一つは、諭吉が「破壊と創造」という現代の私たちが組織変革でイメージしがちな「手法」を完全否定していることです。

「(正義のためと称して暴力や暗殺、反乱や混乱を行う者は)、国を憂うるを知って国を正すための方法を知らない、律儀だが道理を知らない人物であり、古今の歴史にこのような行動で社会の幸福を増やした例は存在しない」(『学問のすすめ』第六編)

右の諭吉の指摘は、フランス革命とアメリカ革命の比較から出ていると考えられます。フランス革命は一七八九年、王政を打倒する国内戦争のあと、ジャコバン派が独裁政治を行い、反対派を大弾圧する恐怖政治を展開。クーデターでジャコバン派が一掃され多数の人間がギロチン台に消えたのち、一七九九年のナポレオンの独裁政権が樹立します。

歴史上に起こる単なる破壊は、その破壊によりさらに混乱が生じ、別の独裁者が混乱に乗じ新たに状況を支配するという、最悪の連鎖を生み出しています。

これは一九六〇年代以降、世界各地で出現した軍事政権による恐怖政治にも共通します。「破壊」のあとに「創造」は自然に発生せず、「別の破壊」が支配する。歴史の循環は「破壊と創造」という安易な発想の危険性を私たちに教えているのです。

幕末期から明治、昭和の戦争と戦後を含めた一四〇年間で、日本という国家と日本人が(本来)体験したことは、「破壊」のあと自動的に「創造」は起こらないという峻厳な事実です。

諭吉が「破壊と創造」を完全否定していることは、明治維新を成功させた日本人(諭吉を含む)が鋭い洞察力で理解した歴史の重要な構造を、それ以降の日本人が忘れ去り、その結果、国家として正しい革命(変革)を成し遂げられなかったと考えられるのです。

ハンナ・アレントと「自由の創設」というヒント

ハンナ・アレントは政治哲学・思想の著名女性研究者ですが、『革命について』(ちくま学芸文庫)で、歴史上の革命の分析、特にフランス革命とアメリカ独立戦争(独立革命)を対比して、社会や国家の革命について示唆に富む指摘を残しています。

アレントの正しい革命の定義

①新たな価値と豊かさを生み出す自由を目指す
②自由を獲得し、旧体制と差し替える活動（時に破壊を伴う）
③創設された自由が、新たな価値と豊かさを集団にもたらす

解放を目的とする反乱（ニセモノの革命）

①暴政や、ある種の抑圧に対する不満の高まり
②不満を原動力にした解放への蜂起（常に破壊を伴う）
③既存構造の崩壊による、混乱と無秩序、新たな敗北

すでに紹介したように、諭吉も「反乱」と「革命」を極めて明確に区別しており、日本人が国家を変革するのに暴力は一切必要なく、新たな良い手本こそ必要だとしています。

なお、本書では「豊かさ」を、ある行動に対してより多くの成果が出る状態、と定義します。惑星探査では、最新型の望遠鏡を使うことで、古い望遠鏡と同じ観測時間と回数でも、より多くの星を発見することができました。

漁業にたとえるなら、一回網を投げてより多くの魚が獲れるなら、その海は豊かだと言

えるでしょう。「心の豊かさ」とよく言われますが、私たちの日常風景、生活の場面でより多くの幸せを見つける視点だと考えると理解がスムーズです。不平不満ばかりで、何の豊かさも見出さない貧しい心より、幸せを多く発見する人の心は確かに豊かです。

また、「自由」という言葉は、豊かさにいたる挑戦ができることだと定義します。仕事のやり方を変えてはいけない、新しい目標を掲げてはいけない、あなたの地位や社会的立場は永遠に固定されている、新しい発想の組み合わせを試してはいけない、などの状態は、新しい豊かさへの挑戦ができないという意味で自由を奪われています。

一九六〇年代以降、世界各国の軍事政権において、革命が行われたように見えた国が失敗に終わるケースは、統治体制の交代で新政権が自らの特権を維持するために、庶民から自由を奪い、結果として社会全体の豊かさが縮小したことが原因でしょう。

アレントの提唱した「自由の創設」は、革命の生命線として定義されていますが、彼女の書籍にはその具体的な記述はあまり存在しません。

しかし、諭吉の『学問のすすめ』は違います。彼の歴史的名著には、社会変革を大勝利に導く「自由の創設」が何を意味するか、構造設計が明確に残されています。

諭吉の設計図を分析する前に、もう一つだけ現代社会学のモデルを解説しましょう。

創造を生まない「ニセモノの革命」

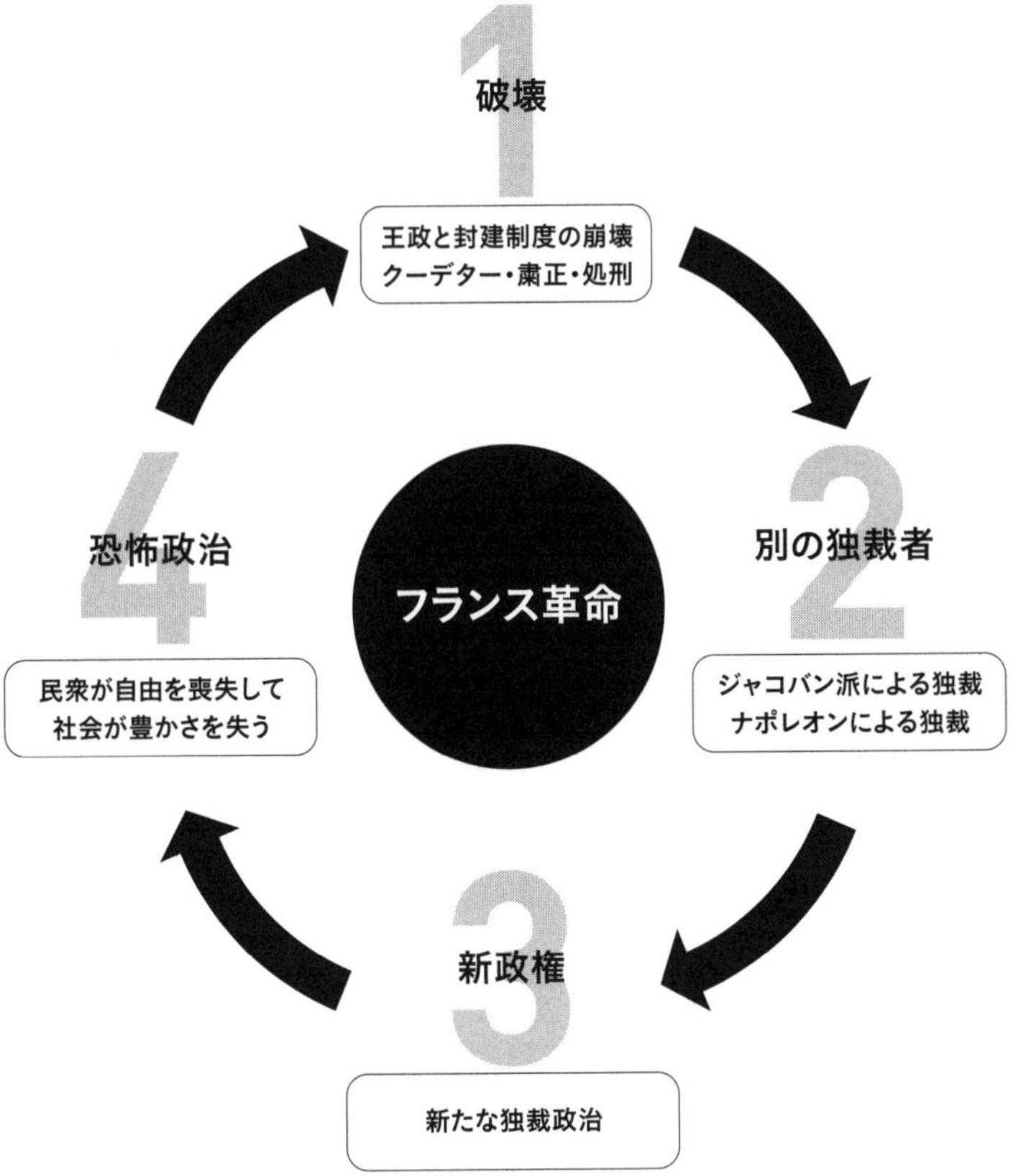

明治維新と「森の生態系モデル」の類似性

何百年も続く森が、実は何度も大変貌を遂げている事実を知ったら、皆さんは驚くでしょうか。生態学者C・S・ホリングは、森は大規模な変化を、進化の一部として利用していると指摘しています（『誰が世界を変えるのか』フランシス・ウェストリー他著／英治出版より）。

後述しますが、諭吉が鋭い洞察力から到達した「日本変革の構造」は、ホリングが分析した森林の復元力（レジリエンス）の概念と極めて似た構造を持っています。

以下、まずはホリングが提唱した森の生態系が持つ変革のサイクルをご説明します。

森林が持つ変革の四サイクル

サイクル①　資源の解放（硬直の罠）
サイクル②　新しい機会への再編（窮乏の罠）
サイクル③　勝ち残った機会の利用（資源の再集中）
サイクル④　維持（成熟の段階）

サイクル①　資源の解放

山火事やイナゴの異常発生、銀行の破綻など単なる災難と思われる出来事は「解放」という別の側面を持ちます。既存構造が破壊されることで、古い構造が閉じ込めていた資源（リソース）や養分が新しい生命へ「解放（リリース）」されるからです。

健全なシステムは、成長段階のあとの「解放」を必ず行います。資源の解放を否定するとシステムが硬直状態に陥るからです。これを「硬直の罠」と呼びます。

サイクル②　新しい機会への再編

資源（人的資源を含む）の解放のあと「再編」の段階。新しい機会を探し、種から芽が出始める時期。山火事で焼き払われた原野で、新しい生命が成長を始めるときです。「再編」の段階で原野に新しい発想が根付かず、育たないと「窮乏の罠」と呼ばれる状態に陥ります。これは山火事後の原野に成功のプロトタイプ（原型）を見つけられない状態です。

サイクル③　勝ち残った機会の利用

原野に新しく育った多くの種の中で、勝ち残った種やアイデアに対して資源が重点的に投入される時期。発想の段階から移行して、有効だと証明されたプロジェクトに対して資源を総動員する段階です。

サイクル④　維持

四段階の最後は「維持」、成熟の段階です。森でいえば新たな成木が景観の主流を占める状態になったとき。伸びた大木が、次の小さく新しい生命の成長機会を制限し始めます。

成功の果実を享受するこの段階で、次のサイクルのため資源を解放することを考えないシステムは、のちに「硬直の罠」への運命をたどります。成熟段階は居心地がいいですが、快適さは盲点となり、次の再生への解放、再編の必要性への目を曇らせてしまうのです。

「森から別の森へ」ではなく「爆発的な豊かさの森へ」

ホリングの変革サイクルは極めてわかりやすいものですが、一つ大きな問題があります。この仕組みだけでは「森から森」へ変化するだけで、豊かさが増加しない点です。山火事や干ばつで弱った森が再生しても、若干の多様性が増しただけにすぎないのです。

この単に「森から森」への変化は、豊かさの爆発的増加を伴わない変革として多くの組

森林が持つ変革の「4サイクル」

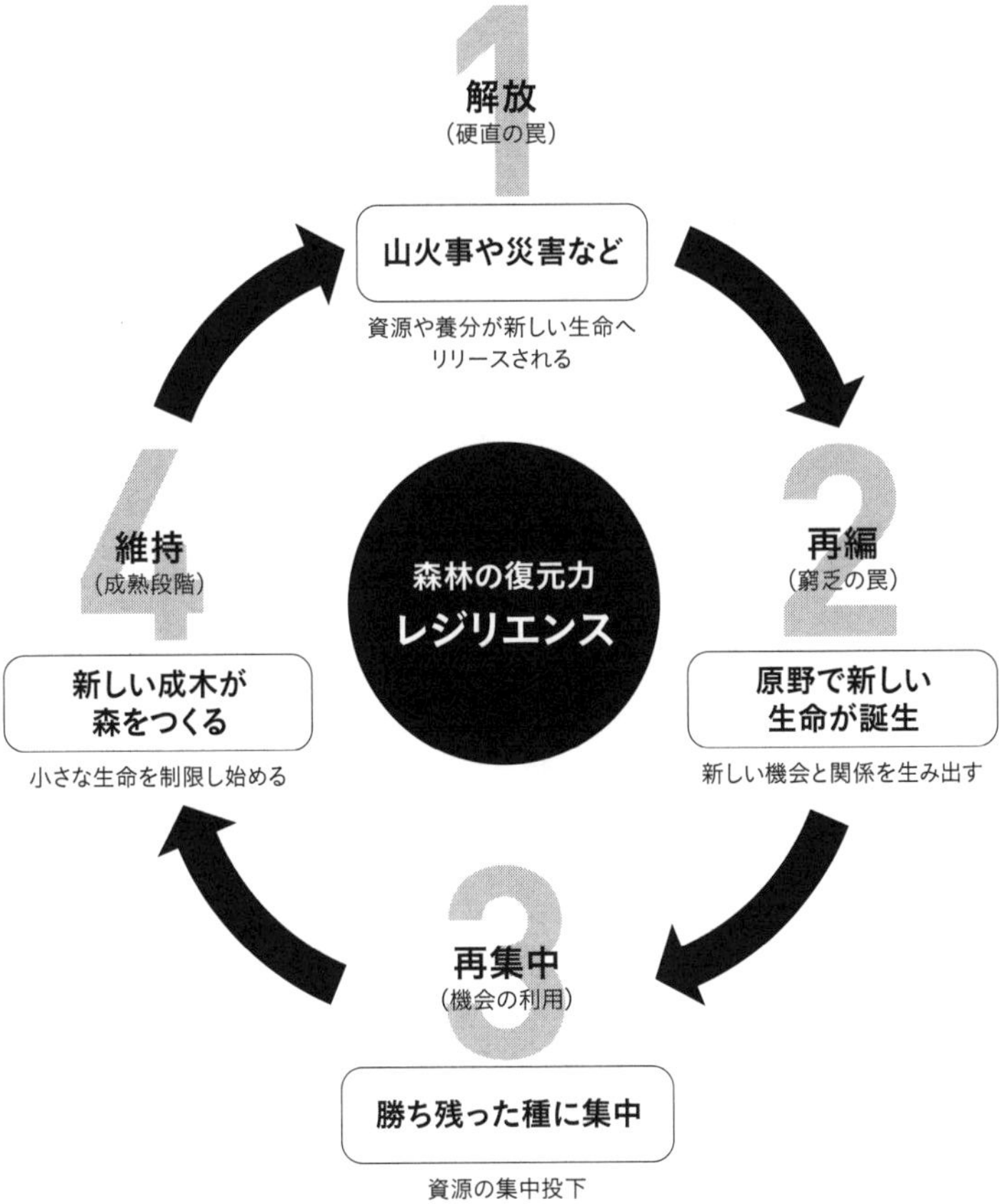
1
解放
（硬直の罠）
山火事や災害など
資源や養分が新しい生命へリリースされる
2
再編
（窮乏の罠）
原野で新しい生命が誕生
新しい機会と関係を生み出す
3
再集中
（機会の利用）
勝ち残った種に集中
資源の集中投下
4
維持
（成熟段階）
新しい成木が森をつくる
小さな生命を制限し始める
森林の復元力
レジリエンス

織で繰り返され、また私たちの日常に比較的見受けられる変化です。
ところが、ホリングの変革サイクルに、これまでご説明した『学問のすすめ』の構造を組み合わせると、サイクルから飛躍する変革モデルへ進化することができます。

諭吉の変革四ステップ

ステップ① 新たな視野と知識からまず目標を大きく進化させる

鎖国時代から、グローバルに世界中の歴史と技術知識を学んだ諭吉は、『学問のすすめ』で日本人全員に、世界規模で物事を比較させ、新しい現実に対処する意識を抱かせます。諭吉は破壊ではなく、目指す目標のレベルを高めて進化させることを目指したのです。

ステップ② 新しい現実に対処するための人的資源の「解放」

西洋列強の強さや技術格差の理解を日本全国に広めて、旧幕府の解体と明治維新という流れをつくり、多くの資源を国家単位で解放します。非効率、収益性の低い旧プロジェクトを解散に追い込み、優秀な人材に新しい目標を追う自由を与える。

ステップ③ 「当事者意識」を浸透させて問題解決力を拡大する（機会の再編）

当事者意識を奪われていた庶民に、日本の国家的課題や社会問題、西洋諸国との遅れなどの問題は日本人全員が当事者という、国民主体の意識を広めます。自分の課題と考える当事者意識は、日本の政治、経済、社会問題の解決に新たに参加する日本人を激増させ、集団の問題解決力そのものを一気に高めたのです。

ステップ④　実学の導入で「発見力」を拡大する（機会の利用）

効果のない古い学問から解放し、新時代に必要なスキルを積極的に学ばせて、最新の洋学で「新しい視点」を得て国家全体で「豊かさの発見力」を爆発的に拡大させます。新しい実業の成功者を生み出すことは、追従者を増大させて変革を全国に拡散させました。

明治維新に諭吉の『学問のすすめ』が加わったことで、ホリングのような単なる変革サイクルから、爆発的な豊かさの増大を伴う大変革に生まれ変わったと考えられるのです。

『学問のすすめ』が描く「自由の創設」が勝利の鍵

森は災害からの復元力（レジリエンス）を持っていても、隣の森が美しい花を咲かせて豊かな果実ができるのを見て、「自分もさらに高い目標を目指そう！」と考えて、自ら資源を解放することは行いません。広くグローバルな視野を持つべきとした諭吉は、日本人が目標自体をより高く進化させることから、国家変革が始まることを目指したのです。

当事者意識は、森のあらゆる資源を新しい姿に変わる努力に変換します。これまでプラスの変化に参加していなかった優秀な存在にも、森全体の変化に貢献させることにつながります。

長く未解決の問題に、新しい別の能力を持った存在がアプローチすることは、解決できないという思い込みを打破することを含め、問題解決力を飛躍的に高めます。

高い実績を上げ続けたビジネスマン、実業家が社会起業家や政治行政に参加するケースが増加していることは、日本全体に新たなレベルの問題解決力を与えているのです。

実学は、新しい探索力（従来とは違う視点）で世の中を見ることにつながり、社会全体が豊かさを発見する能力を劇的に高めることにつながります。

アレントの「自由の創設」とは結局、人々に新たな豊かさを享受させることだと言えるでしょう。諭吉は『学問のすすめ』で、当時の日本人に「当事者意識」を持たせ、「実学」を学ばせることで新たな問題解決力を生み出し、それまで知ることのなかった「自由」と

諭吉の変革4ステップ

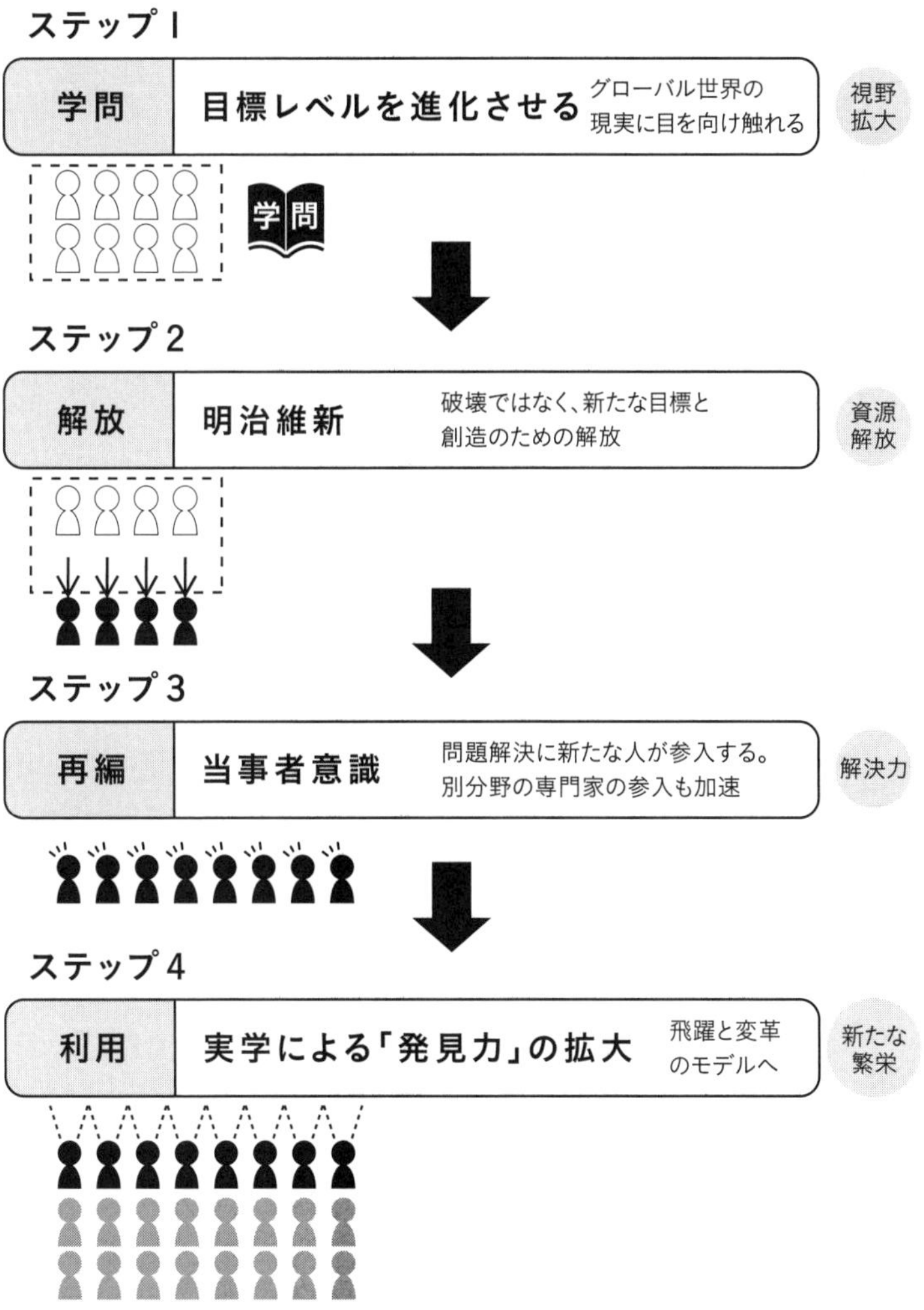
ステップ1
学問
目標レベルを進化させる
グローバル世界の
現実に目を向け触れる
視野
拡大
学問
ステップ2
解放
明治維新
破壊ではなく、新たな目標と
創造のための解放
資源
解放
ステップ3
再編
当事者意識
問題解決に新たな人が参入する。
別分野の専門家の参入も加速
解決力
ステップ4
利用
実学による「発見力」の拡大
飛躍と変革
のモデルへ
新たな
繁栄

「豊かさ」を多くの人に実感させていくのです。

その動きは、もはや単に破壊と創造を繰り返すサイクルを超えて、爆発的な豊かさを手にする真の革命へとつながります。

逆に、体制の変化でより多くの国民が自由を奪われて、豊かさを失うことになれば、アレントの指摘通り、革命は敗北しており、別の騒乱か新たな革命が起こることになります。

『学問のすすめ』は、変革と豊かさの増大を同時に成功させ、日本を勝利に導いたのです。

まとめ

創造は破壊によって自動的に生まれるものではない。諭吉は変革のサイクルに豊かさの爆発を加える構造を歴史から見抜き、維新後の日本に大勝利をもたらした。

成功の本質

20 五％の変化で世界は変わる

どんなに頑強な世界でも、本当に変わる

「歴史から何かを学べるとすれば、それは、どんなに頑強な世界でも、ほ、ん、と、う、に変わるということだ。変化——驚きに満ちた、ときには革命的な変化——はほ、ん、と、う、に起こる。ときとして世界はほんとうにひっくり変える。そして、夢のまた夢だった未来が過去になる」（前出『誰が世界を変えるのか』より）

諭吉は廃藩置県（武家の身分制度の消滅）が明治新政府により断行されたとき、洋学者の悲願が達成されたことに感激すると共に衝撃を受けました。なぜなら、進歩的な思想を持つ多くの日本人があまりにも長い期間、国家の姿を進化した文明的な形にしたいと願い

ながら、武士の封建身分制度は、三〇〇年間の巨大な壁として諭吉たちの前に立ちふさがり続けていたからです。諭吉たち洋学者は、岩のような世界が転換した瞬間を体感したのです。

幕末の志士たち、日本を近代国家へ進化させようとした洋学者、あらゆる日本人の努力がついに実を結んだ瞬間が、一八七一年の廃藩置県だったのです。

五％というソーシャルイノベーションが発見した数字

あなたという個人が、組織や集団に良い変化をもたらすにはどうすればいいでしょうか？　さらに大きな視点として、日本という国家に良い変化を導くにはどうすればいいのでしょうか？　成功するためには、まずは組織や集団の力学を理解する必要があります。

ソーシャルイノベーションという言葉を聞く機会が増えています。

直訳すれば「社会変革」。社会や組織のあり方を変革していくことを指し、すでに世界中の研究者、多くの一般の人たちにこの言葉は使われています。

『誰が世界を変えるのか』は、ソーシャルイノベーションに関する複数のケーススタディを分析した本ですが、特定の社会に起きる現象を変えるには、私たちが想像するよりも「はるかに小さな規模」の変化で可能だと示しています。

イリノイ大学のジョナサン・クレインの研究として書かれている、社会的地位の高い専門職などの人々の比率が異なるコミュニティを比較して、地域の一〇代の妊娠と学校中退の比率を全米規模で調査した結果の話です。

専門職の構成比が五％以下のコミュニティでは、一〇代の妊娠と高校中退の件数が多かったのですが、専門職が五％の閾値《しきいち》を超えると、その数は劇的に少なくなりました。五％を境に集団における力学が変容し、集団のあり方自体を変える影響力を発揮したのです（五％から比率がさらに高くなっても、結果はほぼ変わりませんでした）。

地域に五％以上の知的職業に就く人々が存在していると、一〇代の子供たちの教育にある種の安定性を与える影響を及ぼし、五％を下回ると急にその力が失われていたのです。

一般的に、多数決の「五一対四九」のように、集団内で過半数以上を占めなければ、組織全体を変えられないと私たちは考えがちです。

では、「遥かに小さな数値」であるたった五％で、なぜ集団が変化するのか。

社会変革のような出来事は、ビジネスの「反対と賛成」のように対立が硬直的な構造ではなく、良い方向の刺激であれば、特定の核から周囲が変化していく拡散的な影響力が生まれることが原因です。五％の核となる人たちは、残り九五％を変える努力をしたのではなく、九五％の人に自分たちが本当に望んでいたものが五％側にあると気づかせたのです。

このような構造を持てば、多くの人間が参加する社会や地域などの集団を、極めて少数（五％）が影響を与える側になることで、良い方向に変えることさえできるのです。

日本全体を引き寄せる良い手本をつくる

「政府が命じる力を持っていても、社会を諭して手本を見せるのはまさに民間が行うべきことであり、世の中の改革を目指すならば、命令するより諭す、諭すより良い手本を見せるほうが効果的である。我々は人に先だってまず良い手本を示す使命を持っているのだ」
（『学問のすすめ』第四編より抜粋）

民間で可能なことは多種多様であり、必要とされる適性もさまざまなのだから、私たちだけが率先してもすべてを成し遂げることはできないが、目的は物事を達成する能力を誇示するのではなく、広く民間に目指すべき方向を示して導くことだと諭吉は述べます。

彼は「百回の説明を行うより、一回の事例を示すほうが効果的だ」と述べており、民間ができる良い手本を示し、社会の事業は日本の政府のみの責務ではなく、学者は学者のできる手本を示し、企業は企業ができる手本を示すことが大切であると指摘します。

このように日本の政府と日本国民が、互いに近づいて良い形で協力をしていくことが理解されるならば、ようやく真の日本国民が生まれることになる、と説いているのです。

あなたが良い手本となり周囲を引き寄せたとき、日本を変える歯車の音が響き始めます。

木の枝を折る一つの雪の結晶、雪崩を起こすたった一粒の砂

『歴史は「べき乗則」で動く』（マーク・ブキャナン著／早川文庫ＮＦ）は、物理学研究者が歴史を科学知識と最新理論で解き明かすことができるか論じている本ですが、砂粒を少しずつ降らせて砂山を作り、いつ崩壊をするかという砂山ゲームという概念が出てきます。

歴史はある瞬間に大きな変動（雪崩）を起こすのですが、何が砂山に雪崩を生み出すのかをコンピューターで分析したのです。

そこでは、砂山に雪崩を起こすのは「特別なたった一つの砂粒」ではなく、むしろ堆積

した砂山が臨界状態と呼ばれる、極めて変化を起こしやすい状態に到達していることが引き金ではないかと論じられています。

物理学の視点では、特別な一つの砂（歴史上の特殊な偉人）の存在は、起こった出来事に対して実はそれほど重要ではなかったのかもしれないとも推論されています。

歴史を語るとき、砂山ゲームと類似の意味で「木の枝を折る雪の結晶」という例も使われます。多くの雪が枝に降り積もることで、ついに木の枝が折れたとき、この枝を折ったのは最初に積もった一つの雪の結晶なのか、最後の雪の結晶だったのかという議論です。

哲学にも似たこの問いの答えは、現状ではどちらも重要であり、どちらもそれほど重要ではない、というものです。むしろその枝に雪が積もるという全体の流れこそが、小さな雪の結晶一粒では絶対に折れない丈夫な木の枝さえ折ることにつながったという見解です。

諭吉は一四〇年前、日本を文明開化に導いた立役者でありながら、彼を導いてくれた多くの師の背中を見て人生行路を決めた要素もあり、一〇〇％諭吉単独では歴史を動かすことはなかったかもしれません。諭吉の数多くの著作を読んだ全国の日本人が、大挙して文明開化と日本の国家的自主独立を堅固なものにする熱意を抱かなかったら、明治維新後の日本は近代化に勝利できたか不明です。

私たち一人ひとりは、広大な世界、日本という国家、多くの人が交差する現代社会において、一つの雪の結晶のように小さな存在です。しかし五％が全体を変えることがあるように、正しい枝を目指して日本人全員がその枝に降り積もるとき、あらゆる素晴らしい社会的変化が可能になるのではないでしょうか。

あなたが最初の雪のひとひらであるか、枝を折る瞬間に立ち会う最後の一粒の雪の結晶であるかはわかりません。しかし望ましい変化、日本を飛躍させる二十一世紀の大変革は、必ず私たち日本人の手で成し遂げることができる。名著『学問のすすめ』は歴史の足跡を通じて、現代日本人にそう教えてくれているのです。

まとめ

社会や集団の変化は硬直的なものではなく、小さな核から伝播して全体を変貌させることもある。諭吉や明治の志士・洋学者が体験したように、歴史はあらゆる積極的な変化が「実現可能」であると現代日本人に教えてくれる。

第7章

あなたは日本の未来をどうつくるか？

140年の歴史が教える日本の未来ビジョン

成功の本質

21 「解放」と「発見力」が飛躍を生む

二〇三〇年代に、日本は新しい大飛躍を迎える

いきなり「二〇三〇年代に日本は新しい大飛躍を迎える」と主張すると、やや驚きと共に眉唾な印象を与えると思いますが、この数字には実はある根拠があります。

前述した「変革の四サイクル」を考慮すると、「大規模な資源の解放」は日本の過去一四〇年間に二回ありました。歴史を見る限り、「解放」のちょうど二〇年後に日本は新しい繁栄と飛躍を迎えているのです。

過去一四〇年における二回の解放と飛躍

①江戸幕府の消滅と明治維新（一八六八年）＝一八九〇年代に日清・日露戦争に勝利

②第二次世界大戦の敗戦（一九四五年）＝一九七〇年代の経済大国としての大躍進

二つの歴史的な事象の共通点を理解すれば、現在の約二〇年後である二〇三〇年代に、日本はさらに新しい大飛躍を達成する運命を迎えることになります。

一つ重要なことを付け加えておきましょう。過去二回の大飛躍を日本が成し遂げる二〇年前は、悲惨極まりない状態、先の見通しが極めて悲観的な状態を日本と日本人が経験していた事実です。

二〇一一年三月に起きた未曾有の悲劇である東日本大震災と原発事故を、著名な作家でもある堺屋太一氏は「第三の敗戦」と呼びました。ならば「第三の敗戦」の二〇年後、二〇三〇年代に日本国と日本人が、新しい大きな飛躍を成し遂げる予測は、荒唐無稽なものでは決してありません。むしろ歴史が教える必然とさえ言えるでしょう。

しかし、二〇三〇年代に日本が国家としてバラ色の大勝利を達成するには、一つ条件があります。それが欠けてしまえば、約束されているはずの日本人の大躍進は消滅します。

「第三の大飛躍」を日本と日本人が成し遂げるための必須条件とは何でしょうか？

過去二度、日本の大飛躍のきっかけとなった「明治維新」と「敗戦後」に共通する本質的な構造を、私たち現在の日本人がこれ以上ないほど精緻に見抜き再現することです。

本書は、「二度あることは三度ある」や、〇〇年周期説などを支持しません。過去二度の大飛躍と同じく、特定構造を日本人が創り出せるか否か、それだけが唯一最重要な点だと考えます。

その上で、諭吉の名著『学問のすすめ』は、日本と日本人が新たな変革を成し遂げて「第三の大飛躍」へ向かうエンジンを始動させるため、歴史が私たち現代日本人に手渡す最重要のキーなのです。

古い構造が束縛した人的資源へ「自由」を与える

過去一四〇年の日本の歴史を振り返ると、大きな挫折のときには人的資源を「古い構造が束縛し」、大飛躍を成し遂げたときは「人的資源が大規模に解放された」ことがわかります。

人的資源を束縛して挫折したとき

・一八四〇年代以降、江戸幕府末期の改革派への弾圧
・一九二〇年代以降、旧日本軍の戦時体制保持と社会統制

変化の約20年後に大躍進が始まる

第1の解放と飛躍

解放	明治維新の成立（1868）
飛躍	日清・日露戦争の勝利（1890）

第2の解放と飛躍

解放	第二次世界大戦の敗戦（1945）
飛躍	世界経済大国（1970年代）

第3の解放と飛躍

解放	第三の敗戦（2011）：東日本大震災
飛躍	**第三の大躍進（2030年代）**

人的資源を大規模に解放したとき

・一八六〇年代以降、幕末から明治初期
・一九五〇年代以降、敗戦で戦時体制が崩壊、財閥解体と復員

江戸末期、放漫財政や国防に強い危機感を抱く老中の水野忠邦は、一八四一年に天保の改革を始めますが、改革をつぶされて江戸幕府の変革を完遂できませんでした。

旧日本軍は戦況が不利となり敗戦を重ねても、国内の情報統制を行い、危機を国民に正しく伝えず、戦時体制を維持し続けて一九四五年に悲惨な敗戦を迎えます。

逆に、一八六〇年代の日本では討幕を目指す志士たちが新しい日本の創造へと動き出し、江戸幕府解体とその後の身分制度の解消などで、人的資源は一気に解放されています。

同様に、敗戦後の戦地からの復員、日本の軍組織消滅、財閥解体で戦時体制に組み込まれていた人的資源も、一気に民間分野へ大量流入しています。

わかりやすく「人的資源」としていますが、リソースの意味は物資・資金その他あらゆる資源と考えていいでしょう。「変革の四サイクル」における日本の「解放」の歴史です。

人を含む資源の束縛と解放の関係は、歴史の趨勢を見る限り、その後の日本の飛躍と敗

北に対して極めて示唆的だと思われます。

平和と豊かさの中で日本の第三の飛躍は可能

日本は一九四五年の敗戦後、奇跡的な速度で国家の復興を成し遂げた上、一九七〇年代以降の高度成長で世界有数の経済大国になりました。歴史の経緯を知る人の中には、極めて短絡的に「日本が奇跡の成長を再びするためには、もう一度焼け野原になる必要があるのでは」と過激な主張をする人が稀に見受けられます。

「焼け野原」は物理的な意味ではなく、経済や政治の大敗北・荒廃を指すのかもしれませんが、結局は「一度大失敗をしないと飛躍は成し遂げられないのでは」という論理です。

本書をここまでお読みいただいた皆さんはすでに気づいていると思いますが、変革のサイクルを開始するためのトリガー「資源の解放」と「豊かさの発見力の拡大」こそ重要であって、二つの構造が実現できるなら、何も大失敗を経験する必要などないのです。

ましてや経済や政治で日本が「焼け野原」を迎える必要など皆無であって、成功をした状態で、平和と豊かさの中で日本の第三の飛躍を実現することが十二分に可能です。

同様の論理で、一度大きな挫折や失敗をした人が新たな成功をした姿を見たとき、人は「失敗こそが新しい飛躍を生んだ」と考えがちです。しかし歴史や伝統ある企業が長期にわたる成功を収めながら、時代の節目で飛躍をしている構造を見る限り、大きな挫折や敗北は必須条件ではなく、資源の解放と新たな視点の獲得こそが鍵だとわかります。

そうでなければ新規事業を立ち上げるためには、既存事業が常に倒産するか、人生で新しいチャンスを得るためには、必ず挫折を経験しなければならないのですから。

典型的な「破壊のあとに創造が生まれる」という思考ですが、諭吉が教える真実は「資源の解放」と「発見力の拡大」こそ飛躍を生み出すという歴史の正しい因果関係なのです。

旧日本軍が踏んだ「束縛」という蹉跌と現代日本企業

一九二〇年代の旧日本軍は日本最大の組織であり、日本国内のあらゆる資源を束縛する機能を果たしました。リソースを束縛された状態で旧日本軍が勝ち続けている期間は問題がなかったのですが、敗北から下り坂になり、やがて完全に劣勢となった段階でも同じ組織で同じ目標にひたすら固執して、完全な「硬直の罠」に陥りました。軍体制と支配階層を守るため、状況に対応できない組織の固持を選んで全面崩壊したのです。

二十一世紀の現在、多くの日本企業の苦戦が指摘されていますが、組織体制を柔軟なものに移行する、組織の目標自体を新しいものに切り替えるなどの変革ができているでしょうか。人材を含めた資源を解放することで新たな成功の芽を探すことができない企業は、旧日本軍と同じように、「硬直の罠」に陥っていないでしょうか。

末期の江戸幕府、敗戦直前の日本軍のように、現状にしがみ付き資源の解放を拒否することが、組織として破滅的な運命を引き寄せることを、私たち日本人は今まさに肝に銘じるべきでしょう。

誰もが自分の境界線を飛び越えるときがきた

豊かさを増大するには、社会全体の「発見力の拡大」が必要だと述べてきましたが、そのためには、私たち日本人全員が今認識されている限界を越えることが必須になります。そのための最重要項目を二つ改めて列挙しておきます。

①これまで関心を持たなかった分野まで当事者意識を広げる
②日本人全員が専門分野を飛び越える

「今、我々もこの国に生まれて日本人の名を持つならば、それぞれの役割を見極めて尽力すべきである。もちろん、狭い意味の「政治」をなすのは政府の役割ではあるが、世間の物事には政府の関わらないことも極めて多い。したがって、日本全体の整備充実は、国民と政府が両立して初めて成功できることである。我々は国民としての義務を尽くし、政府は政府の義務を尽くし、お互いに助け合って日本の独立を維持すべきである」(『学問のすすめ』第四編)

諭吉は日本の自主独立は政府だけの問題ではなく、日本人全員の問題だと指摘しました。当事者意識の劇的な拡大によって、明治の日本人は新しい分野に関心を持ったのです。特定の専門的な解決策や視点を持つ人物が、当事者意識の領域を広げて新しい視点を既存の分野に持ち込み、長く未解決だった問題を大規模に改善する仕組みを発見したのです。日本が直面する多くの社会問題に、私たち現代日本人は段階的に当事者意識を高めてきていますが、当事者意識の高まりは多くの日本人に過去取り組んだことがない課題を解決する意欲を与え始めています。当事者意識の拡大が、限界や既存の境界を越えたとき、日本という国は世界が驚くほど巨大な飛躍を成し遂げてきました。

その歴史のトリガーが、第三の日本の飛躍をつくるために今引かれつつあるのです。

二〇二三年に勝利の構造を再起動させる

「過去、勝利した要因を完全に忘れている日本人」。これまでの分析はこの言葉を想起させます。日本と日本人は、過去一四〇年で二度の大飛躍を成し遂げながら、勝利の構造をすっかり忘れてしまい、勝利の再現ができない状態だったのです。

理由の一つは諭吉が『学問のすすめ』に、背景の戦略構造をあえて記載していないことでしょう。当時の日本国民全員が読めるように平易な言葉使いを目指したことも理由です。

構造という点で、戦後ＧＨＱの統治下以降、社会問題が山積していた時代から二〇年後に日本が経済大国になった理由もわかります。明治維新と『学問のすすめ』が展開した構造と、同種の構造が皮肉なことに「日本の敗戦」を契機に実現してしまったからです。

しかし今、私たちは日本の飛躍を生み出した歴史的名著の秘密の構造を解き明かしました。日本と日本人が「第三の大飛躍」へ向かうエンジンをようやく始動させる時がやってきたのです。

まとめ

人的なものを含めた資源の解放と、新しい豊かさの創造には密接な関係がある。日本は過去一四〇年に二度の大飛躍を成し遂げたが、勝利の構造を見抜き実現することが、日本の第三の大飛躍を成し遂げる最重要の鍵である。

成功の本質

22

「俯瞰」「相対化」で正しく未来を変える

「ええじゃないか」と一揆、高まる社会不安

一八五九年、欧米五か国との通商条約により、それまでの箱館に加えて長崎、横浜、新潟、神戸が開港して、急速に貿易が拡大します。結果、国内の生活必需品が不足、さらに金と銀の交換比率が海外と異なったことで、鋭敏な外国人投資家の投機が殺到し、日本から大量の金が流出します。

維新の二年前（一八六六年）には、江戸時代として最大数の一揆（農民の反乱）が発生。長州征伐で米の買い占めなどの影響もあり、一般庶民には極めて厳しい社会情勢でした。

学生が日本史で習う「打ちこわし」は、凶作などで米価格が高騰し、米を買い占めた問屋などを農民が襲撃した事件ですが、やはり一八六六年に頻発しています。

翌一八六七年には、東海地方を中心に「ええじゃないか」と民衆が叫びながら集団乱舞する奇妙な社会現象まで発生。この「ええじゃないか」は広島から大坂、四国の一部、東海近畿の全域で発生し、昼夜を通して民衆は半ば錯乱したように踊り続けました。

「ええじゃないか」は民衆の世直し願望を現したもの、あるいは長州や薩摩の討幕派が社会混乱の助長へ仕掛けた謀略とも言われますが、日本の社会全体が大きな問題に直面していること、多数の庶民は世直しを切望しながらも、ある意味、現実逃避に向かったことを暗示したのでしょう。

しかし、「ええじゃないか」や一揆は社会の問題を強く浮き彫りにしたものの、問題自体の解決には結局つながりませんでした。

萩の城下で噂になった軍学の天才少年、吉田大次郎

さかのぼること約二〇年、日本の運命を革新する一人の少年が出現します。

一八四〇年の四月、現在の山口県にある萩の城下は、わずか一一歳で城中大広間にて殿様に御前講義を行う俊才少年の噂で持ちきりになります。彼の名は吉田大次郎（のちの吉

田松陰)。藩の軍学師範の家に生まれ、六歳で養父が病死して吉田家の当主となります。当主に相応しい人物に育てるべく、叔父や親族から軍学の英才教育を受けた少年はメキメキと頭角を現し、周囲の人々を驚かせる才能を発揮し始めます。

幼少から苦学をして軍学を習得したこの少年が、日本の歴史上偉大な事績である明治維新を成し遂げる、綺羅星のような若き英雄たちをのちに育てる偉人となるとは、萩城下の人たちも、当時は思いもよらなかったでしょう。

松陰を広い視野を持つ立派な軍学者に育てるため、吉田少年の養父の門下だった山田右衛門は、山鹿流だけでなく他流も学び視野を広げて、海外知識の重要性を理解させ、西洋陣法、海防兵制に詳しい長沼流兵学の山田亦助を紹介して学ばせます。

その結果、吉田松陰は海外事情にも視野を配る優れた見識の軍学者に育っていきます。

松陰青年の転機は、一八五〇年(松陰二〇歳)に訪れます。家伝の山鹿流兵法を講義する毎日に飽き足らなくなった彼は、九州・平戸への遊学を決意。藩の支援を受けて平戸へ行き、葉山佐内が持っていた当時最新の蔵書を読みふける生活を始めます。

特に『近時海国必読書』には『西洋人日本紀事』『和蘭紀略』『内戌異聞』『慎機論』などが収録されていて、西洋の地理、歴史、国情、ドイツ人による日本への西洋の渡来の歴史、オランダの歴史、ナポレオンの欧州制覇、アヘン戦争のいきさつや詳しい状況を学びました。

松陰は平戸で読みふけった最新の書物から、日本という国が世界史の中で、どのような立場にあるかを知り、西洋列強の植民地主義の東洋進出へ強い危機感を抱いたのです（『松下村塾と吉田松陰』古川薫著／新日本教育図書より）。

乗っているバスの行先を知るには、どうすればいいか？

おかしな質問かもしれませんが、行先を知らないバスに皆さんが乗っていたら、到着地を確認するにはどうしますか？

当然、窓の外へ目を向けて風景を確認するはずです。このとき見えた景色が、自分の乗っているバスの進んでいる方向、現在のスピードを教えてくれる、というわけです。

次に別の質問をしましょう。

人生は一度だけで、私たちは同じ年齢を繰り返しません。一〇年後、あるいは三〇年後に自分がどうなるか、経験則からは導き出せないのです。一〇歳になるのも初めて、三〇歳になるのも初めてだからです。

しかし、二〇歳前後が身長や運動能力のピークであり、五〇歳を迎えるころには顔にしわが増え、頭髪も若いころより薄くなっているだろうと理解していませんか？

なぜそのようなことがわかるのかといえば、過去の人間のサンプルが多数あり、世の中を見渡せば自らが体験していないことも「ほぼ正確に予知」できるからです。

では、頭を整理して、若き松陰が遊学と読書研究で体験したことをまとめてみましょう。

吉田松陰の行動

①「俯瞰・相対化」　日本国内だけではなく、海外情勢を詳しく知った
②「サンプル収集」　アジア諸国が西欧列強に植民地化されている事実を知った

松陰は乗っていたバスの窓からふと外を眺めて、日本というバスがどこに向かっているか（海外情勢による俯瞰・相対化）、似たようなバスが過去にどんな運命をたどったか（他国の歴史のサンプル収集）を理解したことで、衝撃的な未来予測にたどり着いたのです。

その瞬間から、若き天才軍略家は日本という国を救うために奔走し始めます。

未来を変えるチカラ、未来が変化していく不思議

自分が乗るバスの行先が断崖絶壁だとわかれば、運転手に急ブレーキを踏ませるか、ハンドルを切るよう大声で叫ぶか、あらゆる手段を使って迫りくる危機を回避するはずです。

重要なことは、未来予測を受け止めることが現在を変えるきっかけとなること、現在を変えることで、予測された未来を好転させることすら可能だということです。

「日本はアジアの東にある島国として、古くから外国と交易がなく自国の産物のみを衣食して自給自足をしていたが、嘉永年間にアメリカ人が渡来したときから外国貿易が始まり今日の様子となった。開港のあともいろいろ意見が多かったが、鎖国攘夷などと訴える者の視点は甚だ狭く、ことわざの『井の中の蛙』で取るに足らない議論である」(『学問のすすめ』初編)

松陰と諭吉の洞察の共通点

①「俯瞰・相対化」 日本国内のみではなく、海外情勢を広く詳しく知った

②「類似のパターン収集」アジア諸国の西欧列強による植民地化、革命と反乱

「歴史」と「海外情勢」を深く学び接することは、私たちが現在乗っているバスの行先の正確な予測に欠かせない情報です。次に世界に起こる変化と日本に起こる変化を正しく読み解けるなら、悲劇を回避し新たな繁栄をつかむ具体的な対策が取れるからです。

松陰、諭吉は歴史と海外情勢を学び洞察することで、新時代の日本を繁栄させる道を見抜き、多くの弟子にその答えを伝えることで日本を変革していきます。

長州の英俊たちは、松陰の未来予測を共有して生まれた

吉田松陰は諭吉のわずか五歳年上の人物で、彼らは面識こそありませんが、共に日本という国家の革新を目指して多くの有為な人材を育てた壮大な教育者でした。

「私は幽囚の身であっても、ここに集まった若者たちと共に励み、目的達成のために献身的努力をはらいたいと思う。長州は本州西端の辺境だが、やがて天下を奮発震動させる多くの偉材は、必ずこの松下村塾から生まれるであろう」（前出『松下村塾と吉田松陰』）

未来予測が、現在を変える行動につながり、最終的に日本の未来そのものを変えるパワーを発揮する若者を松陰が巣立たせることになりました。

松陰の愛弟子だった高杉晋作は奇兵隊を編成し、功山寺挙兵で歴史の流れを変えます。偉大な師の未来予測を若者たちが共有することで、高杉晋作以外にも久坂玄瑞、伊藤博文、山縣有朋、吉田稔麿など維新回天を成功させる長州の快男児たちが続々生まれたのです。

諭吉は後年「慶應義塾」を創設しますが、「義塾」は諭吉の優れた未来予測を日本全国からやってくる若者たちと共有する場となり、実業の世界で成功して日本の近代化に大きく寄与する「福沢山脈」と呼ばれる偉才たちを多数輩出することになります。

未来予測に苦悩した諭吉は、著作に戦略を込めた

自らの中に当事者意識と判断力を養いながら、正確な未来予測を可能にする「俯瞰・相対化」「類似のパターン収集」を行うことで、予測された未来をより良いものに変化させることが可能になる。これは『学問のすすめ』の全編を通して浸透している隠れた構造であり、諭吉が目指した最終目標と言っていいかもしれません。

諭吉は二度の渡米と渡欧で、当時の先進国と日本の科学技術や国家の勢力に大きな差があることを知り、薩長同盟の単純な攘夷（外国排斥）が成功すると、外国勢力や海外の知識技術を毛嫌いすることで、逆に日本が弱体化して西洋列強の侵略に負けてしまうのではないかと懸念しました（松陰も密航で海外知識の吸収を目指した）。

俯瞰　西洋を含めた世界情勢への理解・実感

相対化　当時の日本の技術力、国力が西洋列強に比較して遥かに及ばないこと

類似のパターン収集　自分の力を客観視しなかった中国（清）はアヘン戦争で敗北

維新前のヨーロッパ訪問の際、船の中で諭吉は以下のような想いを吐露しています。

「ああ、我々の心を率直に言えば、二百石ぐらいもらって、将軍の御師匠番となり心ゆくばかり文明開国の思想を吹きこみ、幕府を大変革させてみたい」（『世界の伝記39　福沢諭吉』／ぎょうせいより）

幕臣だった諭吉は、旧態依然の江戸幕府は倒れるべきだと秘かに考えていたようです

が、幕府内に改革者もおらず、薩長の攘夷派を擁護もできず、自分の未来予測と現実の板挟みに悩みます。危機的な状態に風穴を開けるため一八六六年に『西洋事情』を発刊し、最新の海外情報を日本人に広めて、日本と西洋の比較と「俯瞰・相対化」を日本人全員のアタマの中で促進することに成功します。

日本の未来予測に、今の日本人は反応しているか

『学問のすすめ』は一八七二年以降、数年間わたってに刊行された書籍ですが、明治維新と廃藩置県が実施されたのちに世の中に出ています。武士封建社会が消滅したのち、日本と日本人がより高い文明レベルに最短でたどり着くために、効果的な社会変革と日本の飛躍の設計図として論吉が執筆した書籍です。

論吉はフランス革命のように、暴力のあとで別の暴力が支配する混乱を避け、日本に新しいレベルの豊かさを導く社会秩序の成立を目指し、未来予測に反応して行動したのです。

現在の日本に住む私たち日本人は、現在の日本の未来予測に正しく反応できているでしょうか。少子高齢化、社会保障制度、海外の発展途上国の製造工場誘致、国内教育制度

の劣化など、現在の未来予測は、私たち日本人にとって悲観的なものが少なくありません。

しかし吉田松陰、福沢諭吉の例から学べることは、彼らが未来予測に正しく反応することで、日本の未来を逆に良い方向へ大きく変えた歴史の事実です。

未来予測は悲観のためではなく、未来を正しく変えるために活用されるべきなのです。

「私たちは、日本の未来予測に正しく反応しているでしょうか？」

この質問はすべての日本人が今、自らに課さなければいけない、日本の未来を正しく変えるための極めて重要な問いなのです。

まとめ

未来予測は、未来を好転させるための道具であり、諭吉や幕末志士の未来予測は実際に日本を守り発展させ、歴史を変える効果を発揮した。「えじゃないか」と目の前の苦境から逃避して踊り狂っても現実は変わらない。現在は未来を変えるためにこそ存在するのだから。

成功の本質

23 「偉大さ」を目指すことが、あなたと世界を前進させる

「蟻の人生で満足するな」と諭吉は言った

諭吉は個人が独立して生活できることが最優先だと初編でも説明しますが、「個人が自活する」ことを到達点だと勘違いしてはいけないと説きます。

「野生の動物から魚や虫も、自分で食べ物を手に入れている。蟻などは遥か未来を考えて穴を掘って住居をつくり、冬の食料を貯蔵する。この蟻と同じ程度で人生に満足する人がいる。仕事を得て親類知人の世話にならず、衣食を維持し他人へ迷惑をかけず、家庭をつくり子供の教育なども一通り準備した人であっても、不羈独立の人と賞賛するのは言い過ぎではないか。成果は蟻の弟子という程度であり、古い教えに恥じるものではないとして

も、万物の霊長である人間の人生として、その目的を達成した人とは言えないだろう」（『学問のすすめ』第九編より抜粋）

なかなか手厳しい指摘ですが、諭吉は自分の人生で自ら生計を立てることは、人が最初に目指すべき重要なステップであることは何度も強調しています。

では諭吉は、自活をすでに成し遂げている人が万物の霊長たる人間として、どのような目標を掲げて努力すべきだとしているのでしょうか。

今日、私たちが生きた証を未来へ伝える

「今、学ぶ者は古の人物たちが遺した文明の遺産を受け継ぎ、進歩の最先端にいるのだから、限界を自ら設けてはいけない。将来、幾星霜を過ぎたのち文明社会で後世の人たちが、現在の私たちの恩恵を想うこと、現在の私たちが古人を崇めるのと同じでなければいけない。私たちの役割は、今日この世界にいて私たちの生きた証を残し、文明への貢献を後世に伝えることである。小さな自立は他人に迷惑をかけない存在だが、他人に貢献する人間とまでなっていないのだ」（『学問のすすめ』第九編より抜粋）

優れた人も時勢を得ないときは社会になかなか貢献できないが、世界や社会が変化する時期には、進歩を率先して導くことが可能な時代なのだから、絶好の機会に出会った者は「社会や文明に貢献する活躍をすべきである」と諭吉は述べています。

気宇壮大な「すすめ」ですが、私たちの現代生活を振り返れば、確かに過去の人たちが文明を進歩させた努力の上に成り立っています。その恩恵を受けながらも、後世の人たちに現在の私たちがなんら恩恵を残さないのは、情けなく残念なことだと知るべきでしょう。

凡庸さに甘んじず、偉大な企業、高い目標を目指せ

アボット、サーキット・シティ、ジレットなど、ある転換点から一五年間の実績が、市場平均に比較して株式運用実績で七倍から一八倍もの超優良企業のみを徹底調査した『ビジョナリー・カンパニー2　飛躍の法則』（前出）は、偉大さを目指すことは「働き過ぎになること」ではないとしています。

なぜなら、偉大さを目指すことは凡庸さに甘んじることの「非効率さ」を避けることが重要なカギとなるからです。

「働き過ぎがさらにひどくなるようにすることではない。そうではなく、いま実行している点のうちかなりの部分が、せいぜいのところ力の無駄遣いである事実を認識することにある。仕事時間のうち半分以上をこれら原則の適用にあて、それ以外の点は大部分無視するか、中止すれば、人生が単純になり、実績がはるかに向上する」（前出『ビジョナリー・カンパニー2』より）

諭吉の『学問のすすめ』も、右の指摘と多くの共通点を持っています。時代の変化で効果を失った学問を捨て、実学を学ぶこと。当事者意識を失っていたことで、解決できなかった問題を解決できるようになること。自分のアタマを使って、理想と現実のズレを確認し、その差を埋めること。すべて無駄な空回りを止めて、実効果の高い道を進むことです。

『ビジョナリー・カンパニー2』では、偉大さとは企業を抜きんでて優れたものにする以外にも、あらゆる分野、例えば地域活動や趣味、スポーツでも追求できるものだとしています。

その上で、偉大さを目指す理由を問うことに意味はなく、あなた自身が「偉大さを目指すことが当たり前に感じる、自然にそう思わざるを得ない目標を見つけて掲げることが重要だ」としています。凡庸さに甘んじる人々は仕事の選択を間違えているというのです。

「意味のある仕事をしていれば、ほんとうに素晴らしく、社会に寄与できることに関与しているとの認識から、めったにない心の安らぎを得られるかもしれない。どんな満足にも勝る最大の満足すら、得られるかもしれない。この地上ですごす短い時間を有意義なものにしているという満足感、そして、重要なことをなし遂げられるという満足である」（同前）

諭吉の言葉と、『ビジョナリー・カンパニー2』の、右の結びのメッセージはとても似ています。

その上で『ビジョナリー・カンパニー2』では、飛躍にはエネルギーが必要だが、勢いがつくことで使うよりも入ってくるエネルギーが多くなり、凡庸さに甘んじ続ければ、意気消沈することばかりで、入るエネルギーよりも使うエネルギーが増えかえって疲労するとしています。

これは個人だけではなく、活気のある社会や元気な日本を目指す上でも同じことが言えるでしょう。進歩は集団に活力を生み出し、凡庸は疲労しか生まないのです。

怨望を避け、あなたが日本の進化に貢献する手本に

日本社会を見るにつけ、「怨望」が多いことは極めて残念だと諭吉は指摘しています。
では、「怨望」とは一体どのような行動なのでしょうか？

「例えば、他人の幸せと自分の不幸とを比較して、自分に不足があれば自身を進歩させ幸せになるのではなく、かえって他人を不幸に陥れて足を引っ張り、自分と同じ状態にしようと欲する。このような者の不平を満足させようとすれば、世間一般の幸福を損じるだけで、少しも得するところがない」（『学問のすすめ』第一三編より抜粋）

『学問のすすめ』は、怨望とは真逆の道を常に勧めています。他者に優れたところがあれば、少しでも追いつく努力をして、自らを引き上げること、自分自身が他者や社会の良い手本となり、周囲を引き上げるようなプラスの貢献ができる存在を目指すこと。

一四〇年前、幕末明治の志士たちは国難にある日本を飛躍させるため、当時の人たちが驚くほどの遠大高尚な目標を胸に秘めていました。彼らは広く世界を見渡して日本の行く

末を案じ、新しい視野と技術知識を日本に導入してこの国を変革したのです。

彼らが幕末の日本を導く新しい手本となり、その優れた要素を周囲の日本人が広範囲に取り入れていくプラスの連鎖。彼らの偉大な功績の恩恵を、この国に住む私たちは当然のように享受しています。幕末の志士も諭吉も私たちと同じ日本人です。

本書を読み終えて、私たち現代の日本人が彼らと同じ日本の革新を成し遂げられない理由は見当たりません。

あなたが、日本という国の第三の飛躍に貢献できる時代が、今まさに訪れているのです。

まとめ

怠惰に生きても一生懸命生きても同じ一日であり、同じ一生である。諭吉は「蟻の人生」で満足するなと指摘するが、蟻を超えて人間としての高い理想を追い求めることが人間社会を進歩させ、私たちに恩恵をもたらしている。あなたの生きた足跡を、後世に残すため、日本と世界に貢献できる生き方を高く掲げて歩むべきである。

あとがき──「革新への最高の武器で日本の未来を変える」

現代日本人が新たな飛躍を生む鍵としての『学問のすすめ』

一四〇年前に、私たちと同じ日本人が生み出した奇跡の勝利。
七〇年前の大東亜戦争での敗戦と戦後時代の幕開け。
三〇〇年間の鎖国から一気に開国をして、変革を目指してたどり着いた大飛躍。
状況の変化に背を向け「変革のサイクル」を拒否した旧日本軍の大敗北。

日本の近代史の驚くべき変転には、単なる偶然や運命だけではなく、勝利と敗北を分ける背景としての構造が厳然と存在していたのです。

江戸時代末期、黒船が日本の近海に出没して、海外との交易の急速な拡大でグローバル化が進展し、最新式の大砲を装備したペリーの艦隊に、海外との技術格差を痛感した幕末。

日本の庶民生活は乱気流の中にあり、将来の見通しは大変暗いものでした。

日本という国家が、西洋列強の前に自主独立を失うことが懸念された時代、無数の日本人は悲観的な未来予測に反応し、新たな疾走を開始します。

世界の変化を拒否して井の中の蛙になるのではなく、最新の知識技術を世界から吸収して「日本の進化と変革」を目標とした開明的な叡智の先人が幕末明治の日本に多数いたことは、日本という国に真に幸運なことでした。

日本の国家的独立を保持したまま、日本全体を新しい飛躍の高みに導いた幕末の志士たちは、不安な時代を照らす新しい星のような存在でした。

福沢諭吉という偉大な日本人は、ひときわ強く明るく輝く星だったのでしょう。


もう一つ、諭吉が現代に伝えるメッセージのハイライトは、歴史を研究することで彼が洞察した、文明が豊かさを実現するための「発見力の拡大」「当事者意識の浸透」という本質的な構造への理解です。

日本は自由な体制を獲得する過程で、「豊かさの発見力の拡大」を国民全体で成功させ、爆発的な豊かさの実現に勝利します。

日本という国を支えているのは、一人ひとりの日本国民であるという当事者意識は、未解決の問題を大挙して解消できる新たな問題解決力を、この日本という国にもたらしたのです。

一方で、その後の日本と日本人は、明治維新がこの国を正しく飛躍させた本質を忘れて、維新の実現を何度も願いながら、まったく異なる行動を繰り返して自信を喪失します。破壊をすれば自動的に創造が出現するわけではありません。森が単に新しく別の森になるだけではダメなのです。

変革のサイクルと発見力の拡大が組み合わさる場合のみ、爆発的な豊かさの森が新たに生まれ、日本は新しい大飛躍に常に勝利してきました。

明治維新と敗戦後の日本は、発見力の拡大と変革のサイクルが同時に行われるという点で、日本という国の大飛躍の構造を密かに教えていたのです。

諭吉が『学問のすすめ』で語るように、現代の日本の動きも一時的ではなく、抜本的な変革の過程であるならば、流れは止めることはできず、皆さんが関わるあらゆる分野で変革が待望されており、少しの弾みで変革が連鎖する状態と考えることもできるでしょう。

日本の未来を正しく変革する鍵は、あなたというたった一人の日本人が新しい当事者意識を抱くことで、新たな行動を始めることにあるのです。

諭吉の驚異的な洞察力に触れたい方は、『西洋事情』『学問のすすめ』『文明論之概略』の三作を読むことをぜひお薦めします。歴史を透徹した彼の視点の、高い水準にきっと驚かれることでしょう。

福沢諭吉の歴史的な名著を、これまでとまったく異なる視点で分析・解読する挑戦的な本書の執筆を許可いただきました、株式会社ダイヤモンド社にこの場をお借りして深くお礼申し上げます。編集担当の市川有人様には、前作同様に多くの「素晴らしい問い」をいただき、一四〇年前の名著の分析を完成させることができたことを申し添えておきます。

東日本大震災後に、日本で現在進行する多くの変化が、過去のように同じ場所を回り続けているにすぎないという意見を、本書の示す構造は明確に否定しています。

現在の変化は不可逆で一方向的なものであり、堺屋太一氏が言う「第三の敗戦」のあと、日本と日本人が、「第三の大飛躍」へ向かうための大変動と考えられるのです。

私たちが新たな飛躍を生み出すための教科書、それが『学問のすすめ』なのです。

二〇一三年三月

鈴木　博毅

＊付記：著者は慶應義塾大学卒業のため、伝統に則れば「福沢先生」とお呼びするところですが、書籍の形式上、本文中ではあえて自由な表記で執筆したことをご理解いただければ幸いです。

●引用文献

・クレイトン・クリステンセン他『イノベーションのDNA』（翔泳社）
・レイ・クロック他『成功はゴミ箱の中に　レイ・クロック自伝』（プレジデント社）
・ティナ・シーリング『未来を発明するためにいまできること』（阪急コミュニケーションズ）
・ジョエル・バーカー『パラダイムの魔力』（日経BP出版センター）
・ジャック・ウェルチ『ウィニング 勝利の経営』（日本経済新聞出版社）
・ジャック・ウェルチ『ジャック・ウェルチの「私なら、こうする！」』（日本経済新聞出版社）
・夏野剛『なぜ大企業が突然つぶれるのか』（PHPビジネス新書）
・玉置紀夫『起業家福沢諭吉の生涯』（有斐閣）
・松永安左エ門『人間 福澤諭吉』（実業之日本社）
・福澤諭吉、富田正文校訂『福翁自伝』（岩波文庫）
・リー・アイアコッカ『アイアコッカ　わが闘魂の経営』（ダイヤモンド社）
・西田実著『大西郷の逸話』（南方新社）
・アラン・ブリスキン他『集合知の力、衆愚の罠』（英治出版）
・ルイス・ガースナー『巨象も踊る』（日本経済新聞社）
・バートン・ビッグス『富・戦争・叡智』（日本経済新聞出版社）
・ジェームズ・C・コリンズ『ビジョナリーカンパニー2　飛躍の法則』（日経BP社）
・ハンナ・アレント『革命について』（ちくま学芸文庫）
・フランシス・ウェストリー他『誰が世界を変えるのか』（英治出版）
・マーク・ブキャナン『歴史は「べき乗則」で動く』（ハヤカワ文庫NF）
・古川薫『松下村塾と吉田松陰』（新日本教育図書）
・『世界の伝記39　福沢諭吉』（ぎょうせい）
・堺屋太一『第三の敗戦』（講談社）

●参考文献

・福沢諭吉、伊藤正雄校注『学問のすゝめ』（講談社学術文庫）
・福澤諭吉、齋藤孝訳『現代語訳　学問のすすめ』（ちくま新書）
・福澤諭吉、齋藤孝訳『現代語訳　福翁自伝』（ちくま新書）
・福沢諭吉『西洋事情』（慶應義塾大学出版会）
・福澤諭吉、齋藤孝訳『現代語訳　文明論之概略』（ちくま文庫）
・石井淳蔵『ビジネス・インサイト』（岩波新書）
・スティーブ・ウォズニアック『アップルを創った怪物』（ダイヤモンド社）
・マルコム・グラッドウェル『急に売れ始めるにはワケがある』（ソフトバンククリエイティブ）
・クレイトン・クリステンセン『イノベーションのジレンマ』（翔泳社）
・北康利『福沢諭吉　国を支えて国を頼らず』（講談社文庫）
・小島直記『福沢山脈』（日経ビジネス人文庫）
・服部禮次郎『福澤諭吉と門下生たち』（慶應義塾大学出版会）
・西郷吉太郎他『薩摩のキセキ』（総合法令出版）
・野中郁次郎他『ビジネスモデルイノベーション』（東洋経済新報社）
・新星出版社編集部編『徹底図解　幕末・維新』（新星出版社）
・平沼光『日本は世界一の金属資源大国』（講談社プラスアルファ新書）
・歴史群像編集部『全国版　幕末維新人物事典』（学習研究社）
・柳井正『一勝九敗』（新潮社）

[著者]
鈴木博毅（すずき・ひろき）
1972年生まれ。慶應義塾大学総合政策学部卒。ビジネス戦略、組織論、マーケティングコンサルタント。MPS Consulting代表。貿易商社にてカナダ・豪州の資源輸入業務に従事。その後国内コンサルティング会社に勤務し、2001年に独立。戦略論や企業史を分析し、新たなイノベーションのヒントを探ることをライフワークとしている。わかりやすく解説する講演、研修は好評を博しており、顧問先には顧客満足度ランキングでなみいる大企業を押さえて1位を獲得した企業や、特定業界で国内シェアNo.1企業など成功事例多数。日本的組織論の名著『失敗の本質』をわかりやすく現代ビジネスマン向けにエッセンス化した『「超」入門失敗の本質』は、戦略とイノベーションの構造を新たな切り口で学べる書籍としてベストセラーになる。その他の著書に『ガンダムが教えてくれたこと』『シャアに学ぶ逆境に克つ仕事術』（共に日本実業出版社）、『超心理マーケティング』『儲けのDNAが教える超競争戦略』（共にPHP研究所）がある。

「超」入門 学問のすすめ
明治維新と現代日本に共通する23のサバイバル戦略

2013年3月28日　第1刷発行

著　者――鈴木 博毅
発行所――ダイヤモンド社
〒150-8409　東京都渋谷区神宮前6-12-17
http://www.diamond.co.jp/
電話／03･5778･7232（編集）　03･5778･7240（販売）
装丁――水戸部功
本文デザイン―小林麻実（TYPEFACE）
写真提供――毎日新聞社、長崎大学附属図書館、アマナイメージズ、
東京都歴史文化財団イメージアーカイブ
製作進行――ダイヤモンド・グラフィック社
印刷――堀内印刷所（本文）・加藤文明社（カバー）
製本――ブックアート
編集担当――市川有人

ISBN 978-4-478-02267-2